IOTA: Das Handbuch

Alles über den IOTA-Coin und die Tangle Technologie – eine neue Blockchain

Roman Alexander

http://Crypto-Pay.org - der Blog rund um Kryptowährungen

Das Buch

IOTA – was ist das? IOTA ist eine deutsche Entwicklung, die die Blockchain ablösen will. Während Blockchain-Technologien wie Bitcoin wegen bestimmter Probleme sich nicht weiterentwickeln können und irgendwann keine weiteren Nutzer mehr verarbeiten können, tritt IOTA mit einer neuen, revolutionären technischen Grundlage an: dem ***Tangle***.

Das Tangle ist eine andere Art der Datenbank, bei der die Teilnehmer Transaktionen bestätigen, wenn sie selber eine Transaktion ausführen wollen. Dadurch kann IOTA theoretisch unendlich viele Transaktionen verarbeiten und wird als Netzwerk sogar stärker, je mehr Teilnehmer eintreten.

Genau hier setzt das ***Internet der Dinge*** an: es ist die Vision einer Vielzahl von Geräten mit Sensoren, die untereinander agieren und so ein eigenes Internet bilden. Was wäre, wenn intelligente Autos von anderen Sensoren gewarnt werden würden, dass es einen Unfall gab? Was, wenn Sensoren das Smart Home so ideal steuern, dass das Haus möglichst günstig geheizt oder gekühlt wird? Um die Vielzahl intelligenter Geräte untereinander zum Kommunizieren zu bringen, braucht es ein eigenes Internet. Dieses Internet kann IOTA werden.

Der Autor

Roman Alexander ist im Hauptberuf als Forscher unterwegs, beschäftigt sich aber nebenher intensiv mit modernen Technologien. Er ist davon überzeugt, dass die nächste technolgoische Revolution uns noch bevorsteht: Das Internet der Dinge.

Inhaltsverzeichnis

Haftungsausschluss

Zweite Auflage, November 2018.

Für Dolly.

Einleitung

Du willst wissen, was IOTA (meistens auf Englisch als „Aiota" ausgesprochen) ist, oder den Krypto-Hype verstehen? Hier bist du richtig, denn dann geht es dir wie mir. Ich wurde auf den Krypto-Hype Mitte 2016 aufmerksam. Man hört an jeder Ecke „Blockchain", „Bitcoin" und „IOTA". Von Bitcoin weißt du wahrscheinlich so einiges mittlerweile, wenn du dich im technischen Umfeld informierst.

Aber hinter Bitcoin kommen noch viele andere sogenannte Entwicklungen, und eine davon ist IOTA. Ich wusste Ende 2016, als ich zum ersten Mal mir das Thema anschaute, ***nichts*** über diese Technologie. Und doch fällt sehr häufig im Umgang mit IOTA das Wort „disruptiv". Da lohnt es sich, herauszufinden was IOTA ist und wieso so viele darüber sprechen.

IOTA, was ist das? In manchen Zeitungen liest man, dass IOTA das Internet der Dinge ermöglichen will. Man liest auch, dass IOTA die Kommunikation unter Maschinen oder Geräten anbieten will. Aber was ist dahinter? IOTA ist im Grunde ein Protokoll, eine Art verteilte Anwendung, die viele Funktionen ermöglichen soll. IOTA basiert mit dem sogeannten „Tangle", englisch für „Wirrwarr" auf einer anderen Technologie als Bitcoin und bietet andere Funktionen, ist aber von der Kryptowährung inspiriert. Im Grunde ist es eine andere Interpretation von Bitcoin - IOTA richtet sich an Maschinen und strebt an, weltweiten Austausch unter intelligenten Geräten zu ermöglichen.

Es gibt schon ziemlich viele Bücher zu Bitcoin, aber noch nicht viele, die sich mit IOTA beschäftigen, dabei ist das Ganze ein sehr spannendes Thema. Die folgenden Fragen möchte ich in diesem Buch beantworten:

- **Was ist eine Kryptowährung?**
- **Was funktioniert IOTA?**

- **Wie kannst man IOTA kaufen?**
- **Wofür kann IOTA angewandt werden?**
- **Wie wird sich IOTA weiterentwickeln?**

Jetzt noch ein paar Worte über mich, ich bin 29 und bin neben meinem Beruf als IT-Berater auch privat an Technik interessiert. Dazu habe ich mich in den letzten Jahren vor allem mit Smart Home Technologien und eben Kryptowährungen beschäftigt. In Kryptowährungen bin ich erst Ende 2016 eingestiegen, nachdem ich so viel bereits darüber gelesen hatte.

Sei aber beruhigt, ich habe kein Vermögen mit Kryptowährungen gemacht und ich werde dir auch keine Coins oder Schnell-Reich-Werden Programme verkaufen, aber die Technologie dahinter fasziniert mich. Grundsätzlich kann ich sagen: das Tangle ist eine Technologie, die vieles verändern wird – es lohnt sich, dieses Buch zu lesen. Auf meinem Blog, *http://crypto-pay.org* schreibe ich auch sehr viel zum Thema Kryptowährungen. Ich beschäftige mich dabei mit den alltäglichen Themen (Anwendung und Neuheiten) und weniger den technischen Details.

Zu allerletzt danke ich dir für den Kauf meines Buchs! Wenn du in irgendeiner Weise mir etwas sagen willst, kontaktiere mich gerne unter *cryptopayorg@gmail.com*.

Roman Alexander

IOTA - Grundlagen und Einführung

Kapitel 1: IOTA und die Blockchain

Du hast also vor kurzem über IOTA gehört? Möchtest du dein hart-verdientes Geld in IOTA stecken? Oder hast du bereits vor Jahren von IOTA gehört, aber willst dein Wissen auffrischen?

Egal, wer du bist und von wo du herkommst, wenn du in etwas investierst oder dich mit einer Technologie beschäftigst, solltest du wissen, was sie ist, damit du fundierte Entscheidungen treffen kannst. Besser so, als in den Krypto-Strom hineingezogen zu werden und nicht zu wissen, womit man es zu tun hat. Deswegen möchte ich hier jetzt eine kleine Einleitung in IOTA geben, bevor wir ins Detail gehen. Diese Einführung soll dir einen groben Überblick verschaffen und die wesentlichen Funktionsmerkmale von IOTA darstellen.

Was ist IOTA?

IOTA ist eine *skalierbares, dezentralisiertes, gebührenloses, modulares quelloffenes* verteiltes Bestands-Protokoll, welches die Blockchain erweitert durch seinen „Tangle"-Ansatz. Es ist:

- *Skalierbar*: es ermöglicht eine Vielzahl an Transaktionen pro Sekunde und stößt nicht an die Grenzen.
- *Dezentralisiert*: es gibt keinen zentralen Server oder Besitzer.
- *Gebührenlos*: Transaktionen sind vollständig kostenfrei.
- *Modular*: Andere Technologien können an IOTA andocken.
- *Quelloffen*: Der Programmcode kann im Internet abgerufen

werden.

Das **IOTA-Tangle** erweitert den Ansatz der Blockchain, durch die Einführung des Blocklosen „Tangles“, einer freien Zuordnung. Das IOTA-Tangle ist fachsprachlich ein „quantenresistenter Direkter Azyklischer Graph“ (DAG), auf deutsch auch als gerichteter Graph bekannt. Gerichtete Graphen sind eine besondere Modellierung von Netzwerken. Durch diese Grundlage hat IOTA keine Transaktionsgebühren und kann unbegrenzt skalieren, die Netzwerkgeschwindigkeit steigt mit der Aktivität. IOTA wächst über Transaktoren und nicht mit Schürfern oder Teilnehmern, und vermeidet so die Zentralisierung.

IOTA strebt an, zum Rückgrat des gerade entstehenden Internet der Dinge zu werden, indem es in der sogenannten „Maschine zu Maschine“ (M2M) Kommunikation und Möglichkeiten für Datenaustausch, Mikro- und Nanozahlungen und andere Anwendungen bereitstellt.

Anders als bei der Blockchain wird beim Tangle nicht zwischen Nutzern und Validatoren unterschieden, sondern die Validierung von allen Nutzern vorgenommen. Je mehr Nutzer aktiv sind, umso schneller klappt das.

Die IOTA-Stiftung wurde im Jahr 2014 gegründet um ein leicht zu implementierendes Rückgrat für das Internet der Dinge anzubieten. Dazu brauchte es eine hohe Skalierbarkeit, Quantenresistenz und Dezentralisierung für die vielen verschiedenen Anwendungsfälle im Internet der Dinge und der Maschinenwirtschaft. IOTA wurde dafür schon in den weltweit bekannten Fachzeitschriften wie Forbes, TechCrunch und Time erwähnt und diskutiert. Das Grundsatzpapier aus dem Jahr 2014 bietet einen vollständigen Einstieg, wobei es hier nicht wiedergegeben wird.

Was ist die wesentliche Motivation für IOTA? Die Blockchain als Hintergrund für moderne Anwendungen wie Bitcoin hat einige

Themen mit sich gebracht, die vorher nicht existierten. Eins davon sind die Hacks, in denen Seiten oder Programme gehackt wurden, die mit Anwendungen wie Bitcoin verbunden sind. Leider gibt es immer noch zu viele Teilnehmer, die sich an Blockchain-Nutzern bereichern wollen.

Das Funktionspinzip einer Blockchain

Die meisten Blockchain-Anwendungen basieren auf der Unterscheidung von Nutzern und Schürfern, wobei die Schürfer mit Rechenenergie bestimmte Algorithmen lösen und dafür von den Nutzern belohnt werden. Mit diesem Prozess werden die neuen Transaktionen bestätigt. Die Sicherheit solcher Netzwerke muss sichergestellt werden, und dies geschieht meist mit sogenannten „Übereinstimmungs"- oder „Konsens"-Algorithmen, die sicherstellen, dass die Schürfer keine falschen Blöcke schreiben, sonst könnten einzeln Schürfer sich bereichern. Die kombinierte Netzwerk-Hashrate sorgt dann dafür, dass mit Hilfe aller Teilnehmer im Netzwerk die neuen Blöcke validiert werden und die neuen Informationen im Netzwerk gültig sind.

Dieses Prinzip des Schürfens, Belohnens und Bestätigens ist die Grundlage einer Blockchain-Anwendung damit Zahlungen und Datensicherheit klar bleiben. In jedem Fall verwenden solche Blockchains auch Gebühren, um Spammer davon abzuhalten, um das Netzwerk mit Transaktionen zu verstopfen. Man nennt das Verfahren selbst „Proof-of-Work", einem Arbeitsbeweis. Bei Bitcoin betragen die Gebühren teils um die 15€.

IOTA hingegen hat diese Elemente nicht: es gibt kein Schürfen, keine Blöcke und keine Transaktionsgebühren. Die Sicherheit und der Konsens im Netzwerk werden nicht auf einige wenige Schürfer, die sich in Pools organisiert haben, aufgeteilt.

In IOTA kommt der Tangle-Algorithmus zum Einsatz: damit

Nutzer das Netzwerk nutzen können, bestätigen sie zwei Transaktionen. Niemand erhält eine Belohnung und niemand muss eine Netzwerkgebühr bezahlen. Somit ist eine Schürferkonzentration wie in Bitcoin ausgeschlossen.

IOTA sieht sein Anwendungsfeld im Internet der Dinge, wo es Datenintegrität und die Verbindung industrieller Geräte ermöglichen können. Außerdem soll es sofortige Zahlungen, Mikrozahlungen, und Maschine-zu-Maschine Kommunikation, auch M2M genannt, über smarte Sensoren und adaptive Systeme ermöglichen.

IOTA soll also eine Art Middleware für bereits existierende Sensoren und Systeme werden. Während herkömmliche Blockchains nicht auf eine gebührenfreie Abwicklung umgestellt werden können, weil die Gebühren in das Netzwerk fest eingebaut sind, ist das bei IOTA anders. Bitcoin und andere Kryptowährungen wurden also nicht für den Anwendungszweck gebaut, für den IOTA erstellt wurde. Für die vielen Millionen täglichen Nano- und Mikrozahlungen, für die IOTA gut geeignet ist, würden Bitcoin oder andere Blockchain-Anwendungen keinen Sinn machen, da sie zu hohe Gebühren kosten, so dass die Zahlung nichts bringen würde.

Somit ist es für ein M2M.System absolut unverzichtbar, dass es kostenlose Transaktionen ermöglicht. IOTA ist die erste Technologie, die Nano-Zahlungen ermöglicht. Die zugrundeliegende Techologie, „Tangle“, ist ein verteilter „Ledger“, zu deutsch Hauptbuch der dritten Generation, welches auf einem direkten azyklischen Graphen basiert. Die ersten beiden Generationen bezeichnen Varianten der Blockchain-Ledger aus Bitcoin, die anderen Prinzipien folgen. Damit ist IOTA für solche fortgeschrittenen Fragestellungen genau richtig. Die quantenresistenz, die aus dem System der einmaligen Winternitz-Signatur entsteht, wird ebenfalls in Zukunft von Nutzen sein.

IOTA ist nicht ganz einfach zu erklären – aber man kann es eventuell gut darstellen

Als neue Technologie ist IOTA anfangs nicht so einfach zu verstehen. War schon Bitcoin mit der Blockchain ein sehr eigenes Konzept, ist IOTA nochmal anders aufgebaut und somit zunächst nicht besonders intuitiv. Wir fangen deswegen erst einmal mit der Geschichte von Bitcoin an: auch wenn das Konzept zuerst von dem Bitcoin-Erfinder Satoshi Nakamoto genutzt wurde, wurde die zugrundeliegende Technologie, die Blockchain, bereits 1991 von Stuart Haber und Scott Stornette beschrieben.

1992 führten diese Forscher sogenannte „Hash-Bäume" zum ersten Mal in die Blockchain ein, um die Effizenz zu steigern und mehrere Dokumente in einem Block zu speichern. Die Blockchain ist grundsätzlich einfach eine Datenbank, auf die jeder, der die Software für das Protokoll heruntergeladen hat, zugreifen kann. Geschriebene Zeilen werden als Blöcke bezeichnet und sind unveränderlich. Die Technologie der Blockchain ist also nichts Neues! Der Bitcoin-Erfinder Nakamoto erweiterte das Konzept um ein verteiltes Netzwerk, in Kombination mit einem Anreiz in Form von Coins für bestimmte Nutzer, die Schürfer, um die neuen Transaktionen als Blöcke mit dem Proof-of-Work zu schreiben, zu signieren und im Netzwerk einzustellen. Das war das Revolutionäre an Bitcoin. Bitcoin hat aber heutzutage einige Probleme, darunter:

- Ein verstopftes Netzwerk: Bitcoin kann nicht mehr als sieben Transaktionen pro Sekunde ausführen, und es gibt einen Rückstau an Transaktionen.
- Transaktionsgebühren steigen mit dem Preis: durch den gestiegenen Preis kann eine Bitcoin-Transaktion mehrere Euro kosten.
- Langsamkeit: der Rückstau blockiert neue Transaktionen, sodass eine Transaktion teilweise Stunden braucht um

validiert zu werden.
- Erheblicher Stromverbrauch durch den Proof-of-Work, so wie er in Bitcoin umgesetzt ist. Das Bitcoin-Netzwerk braucht mehr Strom als ganz Österreich!

Dennoch ist Bitcoin als digitale Währung „der Goldstandard", das kann Anfang 2018 gesagt werden. IOTA hingegen soll ja, wie bereits geschrieben, für das Internet der Dinge und Maschinen im Hintergrund Kommunikation und Austausch ermöglichen. Jetzt sollten wir nochmal einen Schritt zurückgehen, und uns überlegen:

Was sind Kryptowährungen und was tun sie?

Grundsätzlich können sie in drei Gruppen eingeteilt werden – die eigentliche Kryptowährung kann dabei getrennt sein von der Plattform, auf der sie aufbaut, und wird meist als Token, also Wertmarke bezeichnet. Das wird hier so fortgeführt.

- *„Utility tokens"* – sind eine Art Beteiligungen, die auch als App coins oder als User token bezeichnet werden und die ihren Nutzern zukünftigen Zugriff auf ein anderes Produkt oder einen anderen Dienst ermöglichen. Ungefähr 95% aller Kryptowährungen fallen in diese Kategorie. Meist wird ihr Wert durch ihre Begrenzung und die Akzeptanz der Währung vorgegeben. Effektiv sind sie eine Art Währungen, und Bitcoin ist ein Beispiel dafür.
- *„Equity tokens"* – Bei solchen Token erhalten die Nutzer einen Anteil an der Firma oder ihrem Projekt. Ihr Wert steigt, wenn die ausgebende Firma mehr verdient.
- *Hybride Token* – Diese Tokens sind eine Mischung der beiden oben genannten. Sie vereinen einige Vorteile, sind aber nicht besonders häufig. So können Investoren sich nicht nur an einem Coin, sondern auch einer Firma beteiligen.

IOTA selber ist ebenfalls ein Coin der ersten Gruppe. Er wird herausgegeben von der IOTA – Gemeinnützige Stiftung.

Welches Problem löst IOTA?

Bevor ich beschreibe, wie IOTA funktioniert, möchte ich die Problemstellung schildern, die IOTA löst. Und zwar geht es um das Internet der Dinge. Die Vision der IOTA-Gründer ist die folgende: IOTA soll zum Rückgrat des Internets der Dinge werden. Das bedeutet, dass beispielsweise die Kommunikation der Geräte über IOTA ablaufen wird. Ein bekannter Anwendungsfall ist der intelligente Kühlschrank, der ein abgelaufenes Lebensmittel entdeckt und meldet. Wie soll er das tun?

Indem bei den Lebensmitteln Sensoren sind, die deren Status prüfen. Diese intelligenten Sensoren melden dann – über IOTA – den Status, und der Kühlschrank kann sich dann – über IOTA – zu dir verbinden und es dir mitteilen. Oder beispielsweise eine automatische Lichtsteuerung, was heute über die eher komplizierten Smart Home-Systeme läuft. Wie wäre, wenn es eine Plattform gäbe, auf die all diese Geräte zugreifen können? Und hier sind noch nicht die industriellen Anwendungsfälle beschrieben, denn in der Industrie könnten ganze Produktionsbereiche weiter optimiert werden, indem die Geräte auf ein offenes Kommunikationssystem zugreifen könnten. Das Internet der Dinge wird viele Dinge substanziell ändern. Hier nochmals ein Vergleich:

Thema	Traditionelles Internet	Internet der Dinge

Wer erschafft Inhalte?	Menschen	Maschinen
Wie werden Inhalte kombiniert?	Auf Nachfrage	Indem Informationen verteilt und Handlungen angestoßen werden
Worin liegt der Mehrwert?	Fragen beantworten	Handlungen und zeitsensible Fragen beantworten.
Was ist der Stand der Dinge?	Inhalte sind im Internet verteilt und ihre Kategorisierung erfolgt durch Suchmaschinen.	Hauptsächlich Daten

Mit Blockchain wird das aber nicht gehen: die oben beschriebenen Probleme gelten für alle Blockchain-Anwendungen. IOTA hat die oben angesprochenen Probleme des Bitcoins erkannt, wobei man sagen muss, dass diese Probleme bei einer verteilten Blockchain inhärent sind. IOTA strebt daher an, die folgenden Probleme zu lösen:

- Tatsächliche Skalierbarkeit und Dezentralisierung erreichen
- Maschine-zu.Maschine (M2M) Kommunikation ermöglichen
- Andere Anreize finden (nicht Proof-of-work) um Transaktionen zu bestätigen.

Wie funktioniert IOTA?

Der erste Schritt bei IOTA war es, ein neues, alternatives Konzept zur Blockchain zu finden. Die Blockchain ist der Grund, weswegen Bitcoin nicht mehr als sieben Transaktionen pro Sekunde verarbeiten kann – daher musste hier angesetzt werden. Das Ergebnis ist eine verteilte Struktur der dritten Generation – das „Tangle". Es ist keine Blockchain, aber auch kein vollständig neues Konzept. Das Skalierbarkeitsproblem wird mit einer komplett neuen Struktur gelöst: anstelle einer Kette von Blöcken mit Transaktionen werden Transaktionen einzeln parallel verarbeitet. Dieses Bild zeigt das Prinzip, bei dem eine Vielzahl an Transaktionssträngen parallel verläuft:

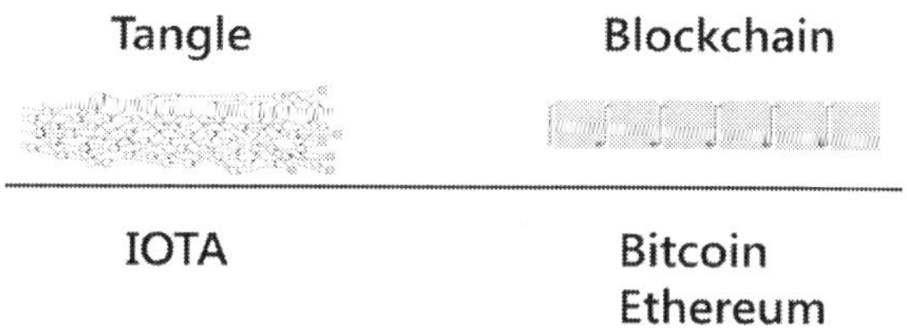

Bild: Vergleich Tangle (IOTA) und Blockchain

Außerdem wird eine Transaktion von mehreren Teilnehmern und nicht Schürfern wie bei Kryptowährungen der ersten Generation bestätigt. Dazu gibt es mehrere Schritte:

- Man muss mindestens zwei andere Transaktionen bestätigen, wobei diese automatisch von der Software gewählt werden.
- Diese beiden Transaktionen müssen verifiziert und validiert werden, was ebenfalls vom Netzwerk übernommen wird.
- Die Authentifizierung wird durch eine Einmalzahl, englisch „Nonce“, eine „Number used once“ bestätigt.

So wird gegen Spam ein Riegel vorgeschoben. IOTA hat so das grundlegende Problem moderner Blockchain-Anwendungen gelöst, da es skaliert und keine direkten Transaktionsgebühren kostet.

Die Geschichte von IOTA

Die Gründer David Sønstebø, Sergey Ivancheglo, Dominik Schiener, and Dr. Serguei Popov legten Mitte 2015 den Grundstein für IOTA. Serguei Popov, ein Doktor der Mathematik, stellte die nötigen mathematischen Grundlagen des Tangles auf, welche von Sergey Ivancheglo and Dominik Schiener programmiert wurden. IOTA wird von David Sønstebø geleitet. Alle Beteiligten waren bereits vorher schon länger in der Crypto-Szene aktiv.

Im Dezember 2015 veranstaltete IOTA einen Initial Coin Offering (ICO), also eine Art Erstverkauf, bei dem alle IOTA and die Teilnehmer ausgeschüttet wurden. Dabei wurden insgesamt 1.337 Bitcoin für das Projekt eingesammelt. Ein weiteres Schürfen findet nicht statt. Ebenfalls wurde ein signifikanter Teil der IOTA gespendet, um die IOTA-Foundation zu gründen. Die IOTA Foundation sitzt in Berlin und ist eine gemeinnützige Stiftung, unter deren Schirmherrschaft IOTA weiterentwickelt wird. Neben der originalen Finanzierung aus dem ICO kann die Stiftung nun Beihilfen aus öffentlicher Hand und mehr Unterstützung von Firmen erhalten, da sie nicht gewinnorientiert ist.

Die IOTA Stiftung ist auch die Gruppe, mit der die Firmen, namentlich vor allem der Weltkonzern Bosch zusammenarbeiten, wenn sie ihre Standards für Geräte des Internets der Dinge abstimmen wollen. So wächst das Ökosystem weiter. Die öffentliche Beta-Testphase läuft nun seit Sommer 2016. Außerdem arbeitet die Stiftung selber an eigenen IoT- Endgeräten.

Schließlich konnte IOTA außerdem in diesem Zeitraum einige namhafte Partner gewinnen, die IOTA testen oder darauf sogar Geräte entwickeln wollen. Bosch, Volkswagen, und Innogy sind nur einige der Namen, die darunter sind.

Die IOTA Stiftung

Die IOTA Stiftung hat einige wichtige Aufgaben. Grundsätzlich kümmert sie sich um die Weiterentwicklung des gesamten Netzwerks, und konkret fallen darunter:

- Pflege und Weiterentwicklung der Wallets
- Entwicklung weiterer Clients für C und RUST
- Teilnahme und Vertretung an internationalen Konferenzen und Hackathons
- Ausbau der Kooperation mit anderen Firmen, die im

Bereich IoT wichtig sind.
- Das IOTA Projekt zum Erfolg führen.

Neben der Stiftung selber gibt es aber noch eine aktive Gemeinschaft an weiteren Entwicklern, wie bei anderen Kryptowährungen.

IOTA und Bitcoin im Vergleich

Die Kryptowährung Bitcoin ist im Jahr 2017 bekannt geworden, und ich möchte daher einen Vergleich von IOTA und Bitcoin starten, um das aktuell noch nicht so bekannte IOTA genauer zu beschreiben.

- *Gemeinsamkeiten von IOTA und Bitcoin*:

IOTA und Bitcoin sind beide in ihrem jeweiligen Feld Pioniere gewesen. War Bitcoin die erste verteilte Blockchain-Anwendung, ist IOTA für das Tangle die erste verteilte Anwendung, und beide waren auch für ihren Anwendungsfall Pioniere: Bitcoin als Währung und IOTA für das Internet der Dinge.

- *Unterschiede zwischen IOTA und Bitcoin*

IOTA und Bitcoin haben allerdings umso mehr Unterschiede. Technisch basiert IOTA auf einem „Direkten azyklischen Graphen“, dem „Tangle“, und nicht der Blockchain. IOTA hat nicht den ressourcenintensiven Schürfprozess und keine Blöcke, und somit auch keine Transaktionsgebühren.

Anders als Bitcoin skaliert IOTA regelrecht unendlich, etwas das Bitcoin nie erreichen kann. IOTA ist weiter nicht nur als Kryptowährung konstruiert, sondern auch als interoperierendes Protokoll, welches IoT Anwendungen verknüpft. Damit möchte die Maschinenwirtschaft ermöglichen. Schließlich wird IOTA von einer gemeinnützigen Stiftung geleitet, während in Bitcoin die Nachfolger von Satoshi Nakamoto am Ruder sind.

IOTA und Ethereum im Vergleich

Eine andere Kryptowährung, beziehungsweise Krypto-Plattform ist in letzter Zeit ebenfalls sehr bekannt geworden: Ethereum. Ich beschreibe sie sehr detailliert in meinem Buch "Das Ethereum Handbuch", möchte aber hier nur ein paar ihrer Merkmale mit IOTA vergleichen.

- *Gemeinsamkeiten von IOTA und Ethereum:*

IOTA hat mit Ethereum dieselben Gemeinsamkeiten wie mit Bitcoin: Ethereum ist als Blockchain-Plattform ein Pionier gewesen, und hat für seinen Anwendungsfall eine ganz eigene Struktur geschaffen. Im Anwendungsfall besteht eine gewisse Ähnlichkeit: auch Ethereum soll in Zukunft zu einem Rückgrat des Internets der Dinge aufgebaut werden. Es soll dazu sogenannte intelligente Verträge ausführen können, die beispielsweise Versicherungsleistungen enthalten, und eine Vielzahl digitaler Geräte soll das Netzwerk nutzen können, oftmals über eine private Blockchain, die auf Ethereum aufbaut.

- *Unterschiede zwischen IOTA und Ethereum*

IOTA hat viel geringere Transaktionsgebühren, kann jedwede Währung versenden und umwandeln und Transaktionen werden sofort bestätigt. Bei Ethereum ist, genauso wie bei Bitcoin, das Netzwerk meistens „verstopft", sodass Zahlungen verzögert ausgeführt werden, oder man bezahlt mehr. Um Transaktionen zu bestätigen hat Ethereum, genauso wie Bitcoin, einen Proof-of-work-basierten Algorithmus als Motivation für Netzwerkteilnehmer eingerichtet. Dieser soll allerdings in Zukunft auf Proof-of-stake umgestellt werden – es würden dann die Besitzer vorhandener Ether Transaktionen bestätigen.

Ethereum ist eine Plattform mit einem eingebauten Zahlungssystem für seine Währung Ether, auf der in Zukunft Verträge mit eingebauter Logik ausgeführt werden können.

IOTA und das Internet der Dinge

Das Internet der Dinge ist der Hauptanwendepunkt für IOTA. Es bezeichnet grundsätzlich die Vision der Verknüpfung aller Geräte und Gegenstände über das Internet und den Aufbau eines Kommunikationswegs über Geräte hinweg. Das könnten beispielsweise RFID-Etiketten sein, die ihren Preis oder Standort vermelden (die Sicherheitsetiketten im Modehaus sind dafür ein Beispiel), aber auch intelligente Kameras, Dronen, und vielleicht noch kleinere Dinge und Geräte. Das könnten auch beispielsweise kleine Sensoren sein, oder gar Geräte die Blutgerinsel beseitigen.

Warum passt IOTA dazu besonders? Wenn man sich die Anwendungen und Geräte im Bereich des IoT und des IIoT, dem Industrial Internet of Things anschaut, stellt man fest, dass ganz besondere Anforderungen erfüllt werden müssen, um diese Geräte anzusprechen.

- **Leichtgewichtigkeit**: Wenn ein Programm an solche Geräte oder Objekte verbunden werden soll, sollte es möglichst leicht sein, also keine überflüssigen Funktionen oder schwierige Mechanismen aufweisen.
- **Gebührenfreiheit**: Damit IoT Geräte untereinander kommunizieren können, sollte das auf jeden Fall ohne

direkte Netzwerkgebühren passieren. Wie sollten die Gebühren denn auch bezahlt werden?

- **Skalierbarkeit**: anders als bei herkömmlichen Blockchains darf es zu keiner Verstopfung des Netzwerks kommen. Transaktionen müssen skalieren – das bedeutet, dass es kein Limit geben darf. Das IoT wird durch seine vielen Geräte gekennzeichnet.
- **Offenheit**: Aktionen sollten offen durchführbar sein – gerade bei IoT-Geräten ist das wichtig, denn so müssen sie nicht ausschließlich via UDP und TCP kommunizieren, sondern können beispielsweise auch via Bluetooth Verbindungen aufbauen.

Das ist mit bisherigen Blockchain-Technologien einfach nicht möglich. Sie sind zu langsam und zu kompliziert für solche Geräte. Das zukünftige Rückgrat des Internets der Dinge muss die obigen Voraussetzungen erfüllen. Unbestätigte Transaktionen, wie sie bei Bitcoin mittlerweile im sechsstelligen Bereich vorhanden sind, verzögern das Netzwerk und machen das Netzwerk unbenutzbar. Das Internet der Dinge ist durch seine schiere Masse gekennzeichnet, also muss das Rückgrat des Internets der Dinge auch entsprechend skalieren.

Diesen neuen Ansatz hatten die Gründer IOTAs bereits früh verstanden. IOTA selber entstand aus einem ursprünglichen Hardware-Startup, welches an einem neuen Prozessor arbeitete. Der offensichtliche Mangel einer Technolgoie, auf der die Geräte des Internets der Dinge untereinander sich austauschen könnten, brachte die Gründer auf den Gedanken. Aus den oben genannten Anforderungen entstand das Tangle.

IOTA und das Tangle

Man kann also sagen, dass IOTA mit Bitcoin und Ethereum einige Ähnlichkeiten hat, aber dann doch ganz anders gedacht und umgesetzt ist. Die IOTA-Foundation bezeichnet IOTA etwas differenzierter als *„[...] ein neues und bahnbrechendes verteiltes Ledger, welches keine Blockchain verwendet*“. Das „Gewirr“ stellt auch eine Art Datenbank dar, allerdings eine offene Datenbank. Das Umsetzen neuer Transaktionen find nicht mehr außerhalb des Netzwerks statt, sondern innerhalb des Netzwerks durch die Teilnehmer durch Schürfer statt, sondern durch die Teilnehmer selber. Konkret formt der direkte azyklische Graph das „Gewirr“ der verschiedenen Transaktionen. Das geht so:

Sobald eine IOTA Transaktion dem Netzwerk mitgeteilt wurde, müssen zwi vorige Transaktionen bestätigt werden, und die Netzwerkknoten werden dabei sicherstellen, dass die Transaktionen sich nicht gegenseitig betreffen. Auf diese Weise soll sichergestellt werden, dass es nicht zum doppelten Ausgeben, dem sogenannten „Double-Spend“ kommt.

Auf diese Weise wird das IOTA-Netzwerk zu einem dezentralen, selbst-regulierten Peer-to-Peer Netzwerk. Die Validierung von Transaktionen läuft parallel ab und genau das ist der große Vorteil des Tangles.

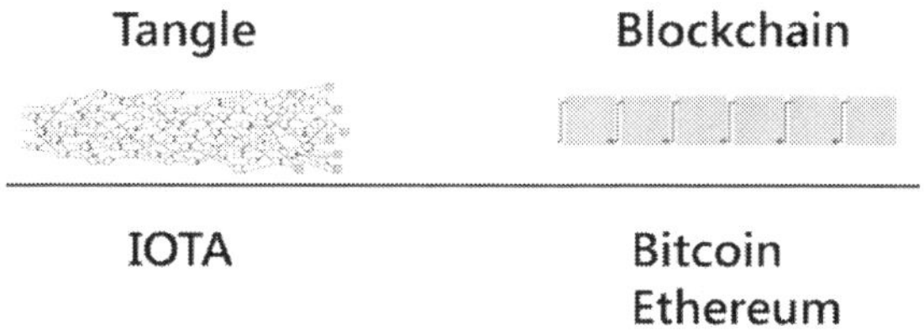

Bild: Vergleich Tangle (IOTA) und Blockchain

Das Skalierungsproblem der Blockchains wird damit gelöst! Wächst das Tangle und mehr Teilnehmer bestätigen Transaktionen, dann wird das System sicherer und weniger angreifbar. Das Tangle wird noch später im Einzelnen vorgestellt, aber das ist das Prinzip.

Das IOTA-Wallet

Wie bei jeder Kryptowährung ist auch bei IOTA ein „Wallet“, eine Geldbörse einsetzbar, die jeder herunterladen kann. So sieht das Anmeldefenster aus:

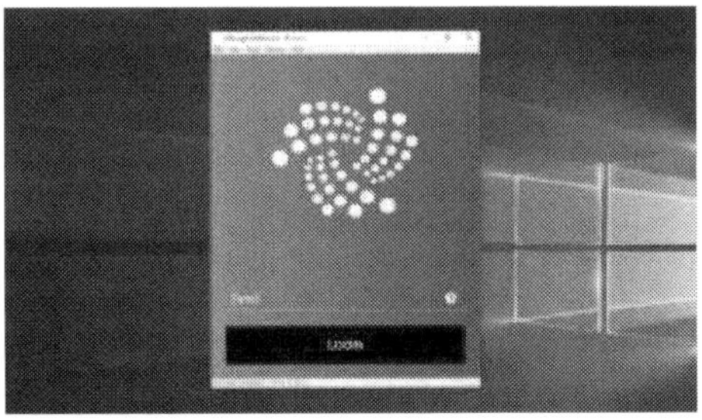

Bild: IOTA-Wallet - Startseite

Das IOTA Wallet wird später noch im Detail vorgestellt. Die offzielle Seite des Wallets ist *https://github.com/iotaledger/wallet.*

Aktueller Projektstatus

Das Kernteam um IOTA arbeitet seit Mitte 2015 an dem Projekt. Das Konzept des Tangles wurde weiter ausgebaut, das Hauptnetzwerk wurde am 11. Juli 2016 gestartet und die Software verbessert. Eine Referenzimplementierung ist mittlerweile in Java geschrieben worden und verfügbar unter *https://github.com/iotaledger/iri.*

Verschiedene Client Bibliotheken, um mit verschiedenen Sprachen auf IOTA zuzugreifen, wurden ebenfalls veröffentlicht für Javascript, Python, C#, Java und Go. Go ist eine Sprache, die auch bei Ethereum verwendet wird.

Auf dem Testnetzwerk wurden bereits mehrere Millionen Transaktionen versandt, und die Marktkapitalisierung stieg stetig an. Teilweise können 180 Transaktionen pro Sekunde verarbeitet werden. Insgesamt wurden bisher mehr als 2,5 Mio. Transaktionen auf dem Hauptnetz durchgeführt, davon mehr als 30 Mio. auf den jeweiligen Testnetzen. Dadurch konnten rund 100 Millionen US-

Dollar abgewickelt werden, rein Peer-to-Peer ohne Transaktionsgebühren.

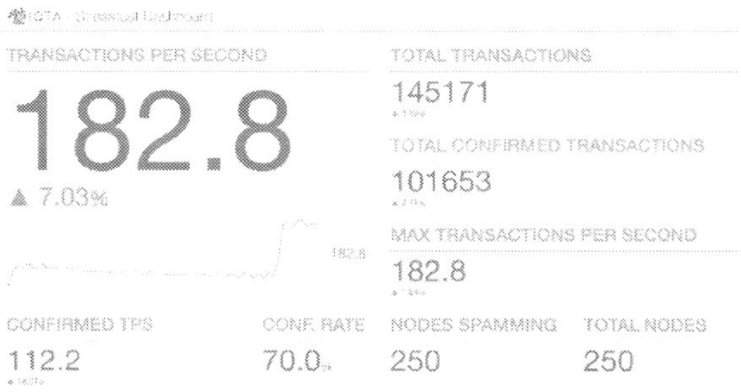

Bild: Status des Testnets

Die IOTA Stiftung arbeitet daran, die Technologie des verteilten IOTA Ledgers weiter auszubauen und zu stabilisieren. Die Wrtschaft der Maschinen benötigt ein System mit großer Offenheit und ständiger Innovation. Weitere Clients folgen, und gleichzeitig werden erste IoT Geräte mit IOTA-Fähigkeit getestet.

Da IOTA wirklich auf Skalierbarkeit abzielt, wurde ein Framework geschaffen, das es ermöglicht, AWS- und Azure-Instanzen on the fly zu starten und ein Netzwerk von Knoten zu simulieren, die miteinander Transaktionen durchführen. Aus diesen Stresstests wurden frühe Ergebnisse, wie im obigen Bild gezeigt, gewonnen, und IOTA bereitet sich derzeit auf einen viel größeren Stresstest mit einem Ziel von 1.000 Transaktionen pro Sekunde vor.

Kommunikation in IOTA

Masked Authenticated Messaging (MAM) ermöglicht es, einen sicheren, verschlüsselten und authentifizierten Datenstrom auf dem Tangle zu haben. Als erstes in diesem Bereich stellt IOTA sowohl die Datenintegrität als auch verschlüsselte Datenblobs auf seinem verteilten Ledger im Tangle sicher. Dies bedeutet, dass nur bestimmte Parteien mit der entsprechenden Berechtigung den

Datenstrom lesen können. Mit MAM entwickelt IOTA bereits Anwendungsfälle zur Integrität von Lieferketten- und Sensordaten.

Orakel: Orakel sind etwas Besonderes in Kryptowährungen, da sie die Verbindung des Systems zu realen Daten darstellen. *Blockchainhub.com* definiert:

„Ein Orakel ist im Kontext von Blockketten und Smart Contracts ein Agent, der reale Ereignisse findet und verifiziert und diese Informationen an eine Blockkette weiterleitet, die von Smart Contracts verwendet wird.

Smart Contracts enthalten einen Wert und schalten diesen nur dann frei, wenn bestimmte vordefinierte Bedingungen erfüllt sind. Wenn ein bestimmter Wert erreicht ist, ändert der Smart Contract seinen Status und führt die programmatisch vordefinierten Algorithmen aus, wodurch automatisch ein Ereignis in der Blockchain ausgelöst wird. Die Hauptaufgabe von Orakeln besteht darin, diese Werte dem Smart Contract auf sichere und vertrauenswürdige Weise zur Verfügung zu stellen."

Der Ansatz von IOTA zu Orakeln wird es ermöglichen, Orakel direkt auf IOTA zu bilden. Dies ist anders als alles, was derzeit in diesem Bereich verwendet wird. Mit dieser Oracle-Plattform will IOTA nicht nur die physische Welt mit ihr verbinden, sondern auch eine echte Interoperabilität mit allen anderen Blockchain-Plattformen ermöglichen.

Das Simulations-Framework, an dem das Team in den letzten Monaten gearbeitet hat, wird Ende 2018 veröffentlicht. Dieses Framework wird es ermöglichen, eine globale, geclusterte Tangle-Umgebung zu simulieren und konkrete Erkenntnisse über Netzwerkausbreitung, Transaktions-Finalität und Bestätigungsraten zu gewinnen. Darüber hinaus haben sie die Angriffe aus dem Tangle Whitepaper implementiert und simuliert.

Interoperabilität

Das Team von IOTA ist keine Gruppe von Maximalisten, sonder glaubt an die Zukunft zweckgebundener Technologien. Aus diesem Grund arbeiten sie aktiv an der Interoperabilität mit bestehenden Blockchain-Technologien und -Communities. Im Moment liegt der Schwerpunkt auf EVM-basierten Blockketten wie Ethereum, RSK, Qtum und Hyperledger. Mit der Veröffentlichung der neuen Oracle-Plattform stellen sie sich eine echte Interoperabilität mit vielen weiteren Projekten in diesem Bereich vor.

Systemfonds

Eine der ersten Initiativen zum Aufbau eines Ökosystems rund um die IOTA ist der kürzlich angekündigte Systemfonds für das IOTA-Ökosystem. Zusammen mit einigen engagierten Community-Mitgliedern und wichtigen Partnern hat die Stiftung mehr als 2 Millionen Dollar bereitgestellt, die für die Entwicklung von Use Cases und Prototypen, die aktive Forschung für IXI-Module und allgemeine Projekte verwendet werden, die dazu beitragen, das Bewusstsein und das Verständnis für IOTA zu erhöhen.

Zusammenfassung

IOTA ist ein neues, verteiltes Ledger-System, welches vor allem im Umfeld des Internets der Dinge sich positioniert. Sei es Maschinenkommunikation oder Transaktionen unter Maschinen, IOTA möchte für das Internet der Dinge das technische Rückgrat aufbauen. Die Entwicklung IOTAs wird in Berlin von der IOTA Gemeinnützige Stiftung vorangetrieben, es gibt aber auch eine aktive Entwicklergemeinschaft, die auf dieser Basis eigene Dinge entwickelt.

Interessante Seiten rund um IOTA sind:

- *http://IOTA.org* (Offizielle Entwicklerseite)

- *http://learn.iota.org* (Offizielle Lernplattform)
- *http://thetangle.org* (Anzeige aller Transaktionen, unter live sind die neuen Transaktionen zu sehen)
- *http://iota.dance/nodes* (Anzeige aller Knoten im Netzwerk)
- *http://iotasupport.com/whatisiota.shtml* (IOTA Support)

Kapitel 2: Die Technologie rund um IOTA

Das Tangle und die Blockchain: eine Abgrenzung

IOTA (*https://iota.org*) basiert auf der neuen Technologie ***Tangle***, die die systematischen Nachteile der Blockchain überwinden soll. Das Prinzip des Tangle soll daher im Folgenden weiter erläutert werden. Das Tangle ist wie bei Blockchain-Anwendungen ein ***Ledger***, also eine verteilte Datenbank, in der alle Transaktionen gespeichert werden. Die im Ledger gespeicherten Transaktionen können von allen Nutzern im Netzwerk beispielsweise unter *https://thetangle.org/* eingesehen werden.

Jeder IOTA-Nutzer kann auch selber Transaktionen einreichen, die bei hinreichendem Konsens auch in den Ledger geschrieben werden. Die Logik des Ledgers zur Findung des Konsenses ist bei Bitcoin, Ethereum und IOTA jeweils entscheidend.

Die wichtige Innovation bei IOTA ist, dass der Ledger über das Tangle beschrieben wird. Das Tangle ist keine Blockchain-Technologie, denn es basiert auf einem auf Englisch sogenannten ***Direct acyclical graph*** (DAG). Auf Deutsch werden diese Graphen als gerichtete Graphen bezeichnet, die eine Sammlung aus Kanten und Knoten beinhalten. Das Tangle ist eine besondere Art gerichteter Graphen, da es die Transaktionen enthält. Sie werden als Knoten dargestellt.

Einige grundsätzliche Annahmen sind im Tangle ganz ähnlich wie bei den Blockchain-Anwendungen: Das Tangle ist ebenfalls eine verteilte Datenbank, ein Peer-To-Peer Netzwerk und Transaktionen werden über Konsens validiert.

Die konkrete Ausführung ist aber unterschiedlich. In IOTA gibt es keine Blöcke, die geschrieben werden, sondern Transaktionen referenzieren zwei vorige Transaktionen. Dadurch wird Konsens erzielt, denn man bestätigt direkt diese zwei Transaktionen und indirekt die vorigen Transaktionen der beiden direkt referenzierten

Transaktionen. Damit bestätigt man, dass dieser Unterbereich des Tangles valide ist und den Regeln des Protokolls entspricht.

Somit besteht dieses Netzwerk aus einer großen Gruppe aktiver Teilnehmer, und es kommt zu keiner Blockbildung aus Schürfern, wie es bei Bitcoin der Fall ist, da sich hier Schürfer in „Pools“ organisieren. Auch ist der Konsensprozess bei IOTA nicht von den Transaktionen getrennt, sondern ein Teil davon, der IOTA zum Skalieren bringt.

Der Transaktionsprozess in IOTA

Wie werden in IOTA Transaktionen geschrieben? Der Prozess lässt sich in drei Schritten darstellen:

1. *Signieren* – die Transaktion wird mit privaten Schlüsseln signiert. Alle im Netzwerk unbestätigten Transaktionen werden gesammelt. Eine solche Transaktion bezeichnet man auch als *Tip*.
2. *Tip-Auswahl*: Mit einer Monte-Carlo Markovkette werden zufällig zwei Tips (unbestätigte Transaktionen) ausgewählt, die in der neuen Transaktion referenziert werden. Der Algorithmus ist prinzipiell ein gewichteter Random-Walk.
3. *Proof-of-Work*: Um die Transaktion zu bestätigen, muss der Sender einen gewissen Proof-of-Work erbringen, der ähnlich zum Hashcash-Algorithmus ist. Diese Arbeit beugt Spam vor.

Sobald dies erfolgt ist, ist die Transaktion eingetragen. Jemand anderes wird dann diese Transaktion referenzieren, und so wird sie bestätigt.

Konsens im IOTA Netzwerk

Dieses Beispielbild zeigt einen hyptothetischen Stand des Tangles:

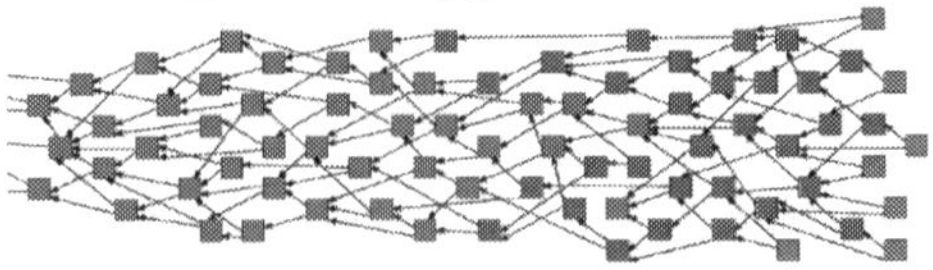

Bild: das Tangle-Netzwerk im Verlauf – ganz rechts sind neue, unbestätigte Transaktionen. Quelle: *http://iota.org*

Die Vierecke ganz links sind Transaktionen, die bereits im Konsens sind und somit finalisiert sind. Die Vierecke in der Mitte sind Transaktionen, die aktuell bestätigt werden, und die Vierecke ganz rechts sind Tips, also unbestätigte Transaktionen. Das Ziel der Teilnehmer ist es natürlich, in den bestätigten Pulk links zu kommen.

Wie wechselt eine Transaktion den Status?

Der Unterschied zwischen den linken und den mittleren Vierecken ist, dass die linken von den ganz rechten, unbestätigten Vierecken referenziert werden. Für jede bestätigte Transaktion gibt es also einen direkten Pfad zu einem Tip. Somit kann man das „Bestätigungslevel" einer Transaktion einfach ausmachen, indem man die Monte-Carlo Markovkette (MCMK) n-mal ausführt. Das Ergebnis ist eine Wahrscheinlichkeit von M zu n, dass die Transaktion akzeptiert wird. M bezeichnet die Male, bei denen man auf einem Tip landet, der einen direkten Pfad zur eigenen Transaktion hat.

Ein Händler, der IOTA annimmt, hat damit vollständige Freiheit zu wählen, mit welcher Wahrscheinlichkeit er Transaktionen annimmt. Wer mit 51% zufrieden ist, muss den Algorithmus 100 Mal ausführen und dabei 51 Mal den Pfad finden, um dann die Transaktion anzunehmen. Bei höherwertigeren Transaktionen kann man diese Wahrscheinlichkeit auf auf 99% oder gar 100% steigern.

Diese *Transaktionsfinalität* ist das wesentliche Merkmal an IOTA.

Wie mit jedem verteilten Ledger stellt sich die Frage, wie wird eine Übereinkunft, also **Konsens** erzielt? Ebenso stellt sich die Frage, wie mit dem Problem des sogenannten Double Spend, einer doppelten Verbuchung, umgegangen wird.

Konkret ist die Frage, wie eine Transaktion eine andere bestätigen kann. Die Aufzeichnung zu jeder Transaktion beinhaltet dabei, wieviele IOTA übertragen wurden. Die Kernfrage ist dabei nicht, ob 10 IOTA von A nach B übertragen wurden, sondern ob A überhaupt die 10 IOTA hatte.

Double Spend in IOTA

Wenn beispielsweise eine erste Transaktion von A zu B ausgeführt wurde, möchte anschließend C ebenfalls eine Transaktion ausführen. Das wäre eine zweite Transaktion. C führt den Algorithmus für die Tip-Auswahl aus und der Algorithmus wählt die Transaktion von A zu B, die C als Referenz bestätigen soll. Daher muss C jetzt sicherstellen, dass A die 10 IOTA hatte.

Dazu muss C alle Transaktionen auflisten, die von der ersten direkt und indirekt bestätigt wurden. Diese Liste reicht bis zur allerersten Transaktion zurück. Solange die Liste zeigt, dass A in der ersten Transaktion die 10 IOTA auch hatte, und andere referenzierte Konten nie einen negativen Kontostand hatten, ist die Liste valide. Wären in einem Fall negative Kontostände aufgetreten, würde das Netzwerk die Transaktion als nicht gültig sehen.

Als ***Double Spend*** wird eine Situation bezeichnet, in der Nutzer in zwei (oder mehreren) Transaktionen mehr IOTA versenden, als sie haben. Auch wenn jede einzelne Transaktion des Nutzers vom Kontostand gedeckt ist und eine einzelne dieser Transaktionen somit valide wäre, sind beide zusammen ungültig. Auch in diesem Fall würden diese Transaktionen nicht bestätigt werden, da ein negativer Kontostand nicht möglich ist.

Die Ursache könnte beispielsweise ein Versehen sein, sodass dieselbe Transaktion wiederholt wurde. Im Tangle entstehen so zwei verschiedene ***Branches***, die nicht vereint werden können. Die nachfolgenden Nutzer müssten dann entscheiden, welche Transaktion sie bestätigen, die beide zusammen nicht gültig sein können.

Wie geht IOTA mit dem Double-Spend-Problem um?

Durch den gewichteten Random-Walk Algorithmus zur Auswahl der Tips wird schließlich eine der Branches größer und bedeutender. Der Konsens orientiert sich an der Frage, welche Transaktion valide ist. Für die Empfänger entsteht noch ein anderes Problem, denn sie müssen wissen, ob sie die Sendung *wirklich* erhalten haben.

Im Tangle wird dieses Problem mit einem Konzept namens ***Confirmation Confidence*** (Bestätigungssicherheit) gelöst. Dahinter verbirgt sich ein Erwartung, wie sehr eine Transaktion vom Rest des Tangle anerkannt wird. Um die Confirmation Confidence wird berechnet, indem der Auswahlmechnismus für die Tips 100 Mal ausgeführt wird. Die Anzahl der Fälle, in denen diese Tips die Transaktion bestätigen, wird durch 100 geteilt, um die Confirmation Confidence zu berechnen.

Die Tips werden nicht gleichbehandelt, sondern höheren Wahrscheinlichkeiten wird mehr Bedeutung zugeordnet. Wenn eine gewisse Konfidenz für eine Transaktion herrscht, ist anzunehmen, dass für sie Konsens erzielt wird. Es besteht allerdings eine Restwahrscheinlichkeit für ihre Ablehnung.

Der Coordinator

In einem Szenario wäre es nun möglich, dass ein Angreifer dennoch zum Double-Spend ansetzt, indem er mit viel Rechenkraft weitere Transaktionen bestätigen würde, die eine vorige Double-Spend Transaktion für gültig erklären. Eine große Rechenkraft vorausgesetzt, wäre es so möglich, den Kurs des Tangles so zu beeinflussen.

Daher ist aktuell noch ein Sicherheitsmechanismus namens ***Coordinator*** aktiv.

Er setzt alle zwei Minuten eine Meilenstein-Transaktion der IOTA Stiftung im Netzwerk. Hierbei werden Transaktionen in Bündeln vereint. Wenn Transaktionen von ihm validiert wurden, kann für diese Transaktionen sofort eine *Confirmation Confidence* von 100% angenommen werden. Er gibt damit eine „Richtung" für das Netzwerk vor. Sein Hauptzweck liegt darin, eine feindliche Hashrate von über 34% im Netzwerk zu verhindern.

Somit können solche Double-Spend Attacken abgehalten werden. Mit zunehmender Nutzerzahl wird diese Angriffswahrscheinlichkeit schwerer und der Coordinator überflüssig.
IOTA ist aktuell noch in einer Übergangsphase zwischen großflächigem Ausrollen und Standardisierung. So wie Bitcoin und Ethereum braucht auch IOTA einen Mechanismus, um eine 34% Attacke abwehren zu können.

Hauptmerkmale von IOTA

Nachdem wir nun das Wesentliche für die Transaktionen besprochen haben, sehen wir einige weitere Details an.

Gebührenfreiheit

Da IOTA den Konsens im Netzwerk ohne Schürfer und ihre externe Ausrüstung erzielt, gibt es keine Transaktionsgebühren als Anreiz für Schürfer. IOTA ist damit gleichzeitig das erste Protokoll, welches über sein Peer-to-Peer System sogar den Versand von Mikrobeträgen ohne Gebühren ermöglicht. Damit kann IOTA zum Rückgrat des zukünftigen Mikrozahlungssystems werden. Allerdings entstehen den Nutzern selber Stromkosten, weil sie selber zwei Transaktionen bestätigen müssen.

Skalierbarkeit

Bei herkömmlichen Blockchain-Protokollen wie Bitcoin sinkt die Nutzbarkeit mit der Nutzerzahl. Bei IOTA hingegen ist das genau anders: es skaliert mit der Zahl seiner Nutzer. IOTA wurde entworfen, um viele Transaktionen zu ermöglichen, und dazu wurde der Konsens parallelisiert. Da so gleichzeitig verschiedene Stränge aktiv sind, gibt es keinen „Wasserkopf", der das Netzwerk blockiert – wenn mehr Nutzer einsteigen, gibt es mehr Stränge und die Sicherheit wächst. 250 bestätigte Transaktionen in der Sekunde kann IOTA bereits im Testnetz vermelden.

Transaktionen, die offline ausgeführt werden

Das Tangle ermöglicht es seinen Nutzern, aus dem Tangle-Hauptstrom auszusteigen und später wieder ins Netzwerk zurückzukehren. Diese Partitionierung ist ein Schlüssel, um in einem asynchronen Umfeld, wie dem Internet der Dinge, möglichst agil zu sein.

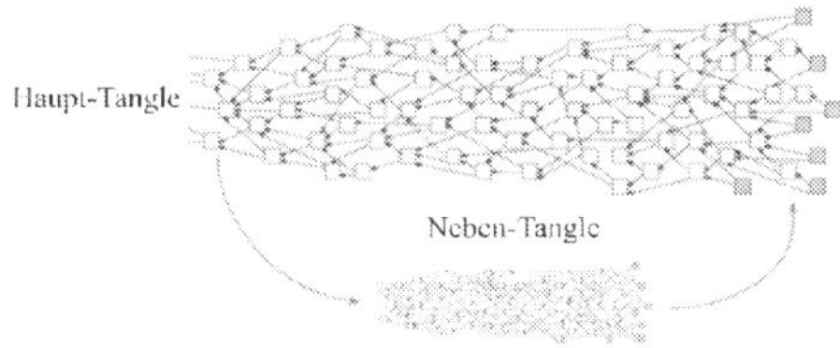

Bild: Eine Abspaltung des Tangles (Quelle: *http://iota.org*)

Es gibt keinen Grund, warum Geräte im Internet der Dinge immer online sein sollten, und es ist zu erwarten, dass sie häufig offline sind. Auch in solchen Zuständen sind in IOTA Transaktionen möglich und können gespeichert werden. Geräte-Cluster können sich so vom Haupttangle ablösen und dennoch auch in einem nicht verbundenen Zustand Transaktionen auszuführen.

IOTA wurde entwickelt, um eine Plattform für das Internet der Dinge zu werden. In einer Zukunft, in der Maschinen untereinander agieren und sich mit Berechnungen, Strom, Speicher, Bandbreite oder sonstigen Kapazitäten beliefern und austauschen, braucht es ein solches Rückgrat, damit dies vollautomatisch und ohne Einmischung ablaufen kann. Smarte

Dezentralisierung in Form einer Plattform wie IOTA ist der richtige Ansatz dazu.

Smarte Dezentralisierung enthält Schritte wie Echtzeit-Datenverteilung, lokale Entscheidungsfindung und wird so smarte, adaptive Netzwerke fördern. Während heutzutage die Systemlogik zentral verteilt ist, wird diese Dezentralisierung Systeme sicherer, schneller, und reaktiver machen.

Das Kommunikationssystem in IOTA

Wie können in IOTA Teilnehmer und Geräte miteinander kommunizieren? Das sogenannte *Masked Authenticated Messaging* (MAM) ermöglicht über das Tangle einen verschlüsselten Datenstrom zu leiten. Die Daten werden auf dem Ledger gespeichert und die beteiligten Parteien können mit entsprechender Authentifizierung darauf zugreifen. MAM ermöglicht beispielsweise einen Kommunikationsstrang entlang einer Lieferkette.

Interoperierbarkeit

Bestimmte Technologien werden sich immer in ihren jeweiligen Feldern durchsetzen, und es mag sein, dass Blockchain-Technologien in bestimmten Fällen etablieren. Genau dafür bietet IOTA Schnittstellen an, mit der Anfang 2018 bereits Kryptoplattformen wie Ethereum angebunden werden. Auch die Open-Source Blockchain Hyperledger ist bereits angebunden.

Der Marktplatz der Daten

Was passiert mit den Daten der smarten Geräte? Die IOTA-Stiftung hat dazu eine Antwort gefunden, die einiges ändern könnte. Der Marktplatz der Daten soll ein vollkommen dezentralisierter Datenmarktplatz werden, an dem die bisherigen Datensilos geöffnet werden, die bisher die Daten in Kontrolle einiger weniger hielten. Daten sind eine der Zutaten der Maschinenwirtschaft und der verbundenen Welt, also sollten sie zur Verfügung stehen.

Data first

Daten sind einer der wichtigsten Bestandteile der Maschinenwirtschaft und der vernetzten Welt. Sie sind die Grundlage, auf der die anderen Schichten der Daten - Information - Wissen - Weisheit (DIWW)-Pyramide beruhen. Ohne dieses primäre Substrat kann nichts über die Welt festgestellt werden.

Die verschiedenen Ebenen dieser Hierarchie sind miteinander verflochten. Sensoren, Kameras und andere überwachen die Straße und empfangen Signale, die von der Oberfläche ihrer Umgebung reflektieren. Das sind Daten. Die gemessene Geschwindigkeit der sich bewegenden Objekte und deren relative Positionen sind die aussagekräftigen Informationen, die aus diesen Bezugspunkten gewonnen werden. Diese Informationen werden als nächstes kontextualisiert und zu Wissen destilliert und sagen den Fahrern auf der Straße über Over-The-Air-Updates, dass die Straße durch einen Unfall überlastet sein kann, was es den Fahrern ermöglicht, die Weisheit anzuwenden, um eine alternative Route zu nehmen.

Die Maschinenwirtschaft

Die Maschinenwirtschaft basiert vor allem auf den verschiedenen Geräten des smarten Internets, wie Umweltensoren, Kameras und Straßensensoren, Robotern und so weiter. Aus solchen Informationen sinnvolle Verkehrsinformationen zusammenzustellen, ist Arbeit, denn man muss sie in einen Kontext bringen, um daraus sinnvolle Aussagen abzuleiten.

Anfang 2030 werden nach Schätzungen rund 75 Milliarden verbundene Geräte existieren, die möglichst sinnvoll miteinander interagieren sollten. Das wird die sogenannte Maschinenwirtschaft sein, in der Geräte untereinander Speicher, Berechnungskapazität und Strom sowie Sensordaten handeln. Diese Bereitstellung von Daten wird unvergleichbar sein. Bereits im Jahr 2017 wurden mehr Daten erstellt, als in den 5.000 Jahren zuvor zusammen. Die Ära der Daten beginnt erst.

Es ist mühelos möglich, Parallelen zu ziehen zwischen der tektonischen Verschiebung, die durch die Auswirkungen des Öls und seiner Derivate im vergangenen Jahrhundert verursacht wurde, beispielsweise fossil betriebene Verbrennungsmotoren und die Massenproduktion von Kunststoffen, und der Frage, wie Daten der Katalysator für den Wirtschaftsmotor der Zukunft sein werden. Während jeder Faden unseres digitalen Zeitgeistes uns unmissverständlich sagt, dass Daten der Treibstoff der Zukunft sind, gibt es einen wichtigen Unterschied: Im Gegensatz zu Öl, das endlich ist und dessen Eigenschaften in Bezug auf das, was es produzieren und verunreinigen kann, bekannt sind, sind Daten für alle praktischen Zwecke grenzenlos.

Daten als Treibstoff

Während Öl das Antriebsmittel des 20. Jahrhunderts war, werden im 21. Jahrhundert Daten unsere Wirtschaft antreiben. Daten werden zum Katalysator einer Welt aufsteigen, in der automatisierte Entscheidungen erfordert sind. Daten können helfen, Vorgänge zu optimieren, Kosten zu senken, und Warteezeiten zu verringern.

Neue Innovationen in den Bereichen Medizin, maschinelles Lernen und smarte Sensoren werden für eine große Nachfrage auf dem Datenmarktplatz sorgen. Vor allem wenn artifizielle Intelligenz großflächig eingesetzt wird, wird die Nachfrage nochmals ansteigen. Die Verkäufer der Daten können so gleichzeitig ihre Daten nochmals monetarisieren.

Die Datensilos der heutigen Zeiten hingegen sind ein teurer Luxus, indem 99% der Daten nie genutzt werden. In einem offenen und dezentralisierten Datenmarktplatz, in dem die herausgebende

Partei für ihren Einsatz belohnt wird. Damit Big Data wirklich zu dem Erfolg führt, zu dem es führen könnte, müssen diese Silos geöffnet werden. Aktuell ist ein solcher Verkaufnoch schwierig, da eine solche Plattform noch nicht existiert. 2025, wenn rund 95% der weltweiten Datenmenge von IoT-Geräten erschaffen wird, muss diese Menge auch richtig verwendet werden.

Datenökonomie: Big Data ist das große Geschäft

Die schiere Größe der Daten und der Einfluss, den sie auf unsere Gesellschaft hatten und zunehmend haben werden, bringt automatisch riesige Geschäftsmöglichkeiten mit sich, die in den nächsten Jahren Zehnmilliarden wert sein werden. Der Handel mit Daten wird für beide Seiten von Vorteil sein, da er Innovationen für die Unternehmen fördert und völlig neue Einnahmequellen für Daten schafft, die sonst einfach vergeudet würden.

Das größte Hindernis, das die Erfüllung der von "Big Data" angestrebten Größe verhindert, ist die Tatsache, dass die überwiegende Mehrheit der Daten in so genannten "Datensilos" eingeschlossen bleibt. Datensilos teilen ihre Daten nicht oder nur sehr selten außerhalb ihrer eigenen geschlossenen Umgebung. Dies führt zu enormen Mengen an verschwendeten Daten, oft gehen über 99% an die Lücke verloren (Quelle: McKinsey 2015), die potenziell äußerst wertvolle Informationen enthalten könnten, wenn sie frei in Datenströmen fließen könnten, die einen offenen und dezentralen Datensee schaffen, der für jede kompensierende Partei zugänglich ist.

Rückmeldungen zum Datenmarktplatz

Ein erster Proof-of-concept für den Datenmarktplatz wurde bereits gestartet, und die Gemeinschaft der Entwickler beteiligt sich an der Weiterentwicklung. Am Ende wird Paket erstellt, welches bestimmte Anwendungsfälle enthält, die das Potenzial des Marktplatzes zeigen. Auch die Erfüllung des europäischen Datenschutzgesetzes ist ein großes Thema dabei. Einige der

Stimmen zum Marktplatz sollen hier wiedergegeben werden:

- Accenture Labs: „Wir arbeiten heute mit einer Vielzahl an Anbietern von Schlüsseltechnologie im Bereich Blockchain und sind sehr zufrieden damit, dass wir am IOTA Daten-Marktplatz Projekt teilnehmen dürfen.“ (Accenture Labs in Sophia Antipolis)
- Deutsche Telekom: „Wir glauben, dass es eine große Möglichkeit für die Deutsche Telekom ist, zukünftige Blockchain-basierte, datengetriebene Geschäftsmodells mit verschiedenen Partnern zu testen und proben. Die Compliance für Datenschutz muss in jedem Stand betrachtet werden, und IOTA stellt derzeit die richtige Technologie bereit.“ (John Calian, VP, The Blockchain Group at Telekom Innovation Laboratories)
- Fujitsu – Siemens: „Die Möglichkeiten von Anwendungen auf Basis der Blockchain und besonders des Tangle („Blockchain der nächsten Generation“) sind immens. Öffentlichen Zugang zu Daten bereitzustellen ist eine der wichtigsten Herausforderungen im IoT. Der Datenmarktplatz der IOTA Stiftung ist eine der innovativsten Initiativen in diesem Feld. Als eine der weltweit größten IT-Firmen unterstützt Fujitsu diesen Trend, indem es Blockchain-basierte und Tangle-basierte Anwendungen entwickelt und sie als skalierbare Lösungen in die Systeme der Kunden einsetzt. (Dr. Rolf Werner, Head of Central Europe bei Fujitsu)
- Microsoft: „Wir sind begeistert, dass wir mit der IOTA Stiftung eine Partnerschaft begonnen haben und sind stolz darauf, mit ihrer neuen Initiative für den Datenmarktplatz verbunden zu sein. Diese Technologie der nächsten Generation wird das Wachstum der verbundenen, intelligenten Welt beschleunigen und über Blockchain hinausgehen indem es Lösungen für die echte Welt,

Anwendungen und Piloten für die Kunden liefert.“ (Omkar Naikh – Microsoft hat aber keine formale Partnerschaft mit der IOTA Stiftung)

- Technische Universität München: „In Deutschland ist es für Forschungseinheiten und Startups im Feld der digitalen Mobilitätsdienste immer noch schwer, auf große Datenmengen von hoher Qualität Zugriff zu erhalten, um die Mobilitätslösungen von morgen zu entwickeln. Unser TUM Living Lab Connected Mobility arbeitet am IOTA Datenmarktplatz mt, um IOTAs Potenzial besser zu verstehen, um einen rechtlich korrekten dezentralisierten Marktplatz für Bewegungsdaten zu erschaffen.“ (Professor Dr. Florian Matthes)

Kapitel 3: IOTA kaufen oder erwerben

IOTA ist selektiv bei einigen Börsen gelistet und wird im Jahr 2018 sicherlich bei noch mehr Handelsplätzen gelistet. Der Einkauf ist allerdings für Deutsche nicht ganz so einfach, da die wesentlichen Handelsplätze nicht in Deutschland sind. In der folgenden Tabelle sind die, nach Anteil, größten Börsen für IOTA:

Platz	Börse	Paar	Anteil
1	Bitfinex	MIOTA/USD	42,17%
2	Binance	IOTA/BTC	15,29%
3	Coinone	IOTA/KRW	14,01%
4	Bitfinex	MIOTA/BTC	10,40%
5	Binance	IOTA/ETH	6,80%
6	OKEx	IOTA/BTC	3,67%

Diese Tabelle wurde von coinmarketcap.com entnommen (*https://coinmarketcap.com/currencies/iota/#markets*). Sie zeigt, dass 92% des gesamten Handels auf Bitfinex, Binance, Coinone und OKEx entfällt. Wer aktuell bei Bitfinex einkaufen will, muss allerdings eine Mindestanlage von 10.000 € tätigen. Das ist viel Geld, weswegen hier der Weg über die Nummer 2, Binance, beschrieben werden soll. Binance ist eine „Nur-Krypto" Börse, man kann also nur Kryptowährungen einzahlen und so tauschen. Somit braucht man bereits Kryptowährung, um hier einkaufen zu können. In der Annahme, dass du als Leser noch gar keine Kryptowährung besitzt, beschreibe ich hier das Vorgehen von Anfang an.

Zunächst braucht man also Kryptowährung, die man an Binance überweisen kann. Ich nehme hier beispielhaft Ether, welches ich auf Coinbase einkaufe. Ether kann man nehmen, weil es eine der verbreitetsten Währungen ist, und Coinbase ist einer der größten

Anbieter. Es können natürlich auch andere Anbieter genommen werden, die den Ankauf und Versand von Bitcoin, Ether und co. anbieten.

Der erste Ethereum Kauf über eine Börse

Coinbase hat knapp 10 Millionen Kunden und hat letztes Jahr rund 8 Mrd. USD umgesetzt, und ist bei Kryptowährungen ein großer Anbieter. Die Seite ist auf Deutsch einstellbar. Der Ruf ist relativ gut; aktuelle Entwicklungen kann man immer auf Reddit sehen: *https://www.reddit.com/r/CoinBase/*

Berücksichtige immer, dass es auch viele negative Forenbeiträge gibt – wenn es funktioniert schreiben die Leute nicht so viel, und eine Nutzerbasis von fast 10 Millionen ist schon eine Hausnummer.

Schritt 1: Die Registrierung

Zunächst holst du dir ein Konto mit einer Registrierung unter *https://coinbase.com*. Dein Internet-Browser sollte links oben im Addressfeld anzeigen, dass du mit Coinbase per SSL verbunden bist (bei Google Chrome ist das beispielsweise ein grünes Schloss und der Name Coinbase). Eine https-Verbindung ist absolut Pflicht. Ich empfehle auch, sich nicht von öffentlich Netzwerken einzuwählen, wie beispielsweise Cafés. Coinbase setzt eine verpflichtende Zwei-Faktor Authentifizierung ein, also musst du deine Telefonnummer angeben und besser nicht verlieren. Nach erfolgter Registrierung solltest du dich anmelden können.

Schritt 2: Die Verifizierung

Um auf Coinbase zu handeln können, musst du vier Schritte durchlaufen:

- deine Email-Registrierung abschließen (sobald du den Bestätigungslink in deinem Mailkonto geklickt hast)
- Deine Telefonnummer hinterlegen und bestätigen

- Deine Identifikationsdaten hinterlegen (Personalausweis oder Pass). Das ist ein Schritt der bei fast allen Anbietern vorausgesetzt wird – und diejenigen die es nicht machen sind aus verschiedenen Gründen meist nicht glaubwürdig.
- Die Zahlungsmethode festlegen: Du kannst per Banküberweisung oder Kreditkarte zahlen.

Du führst diese Schritte durch, indem Du auf „Complete your account" gehst. Zunächst solltest du deine Telefonnummer bestätigen. Hier gibst du deine Mobilnummer ein. Im Anschluss erhältst du eine SMS mit einer Zahlenkombination, die Du eingeben musst.

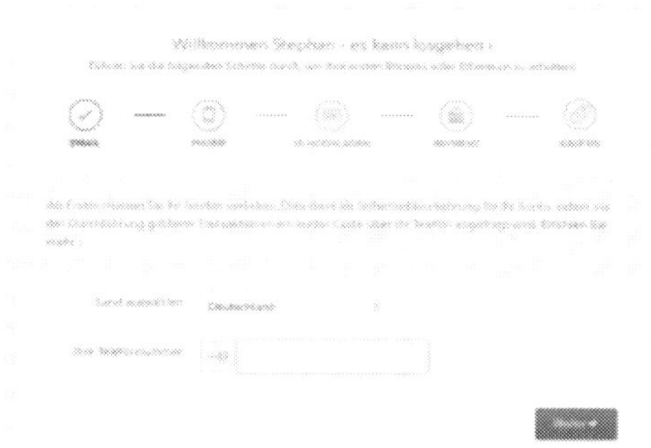

Im Anschluss musst du deine Identität verifizieren. Dazu musst du das Dokument zwei Mal in deine Webcam halten (Vor- und Rückseite) oder du nimmst die Handyapp.

Wenn das Identifizieren nicht klappt, musst du es später nochmal versuchen oder die Lichtverhältnisse optimieren. Der Algorithmus scheint Wert darauf zu legen, dass alles sichtbar ist.

Du musst jetzt etwas warten, bis das drehende Rad durch ist, das können auch mehrere Minuten sein. Die Seite nicht neu laden!

Schritt 3: Deine Zahlungsart wählen

Kreditkarte - bis 500 Euro

Jetzt geht's ans Zahlen, denn Coinbase unterstützt Kreditkarten und Überweisungen, wobei bei Kreditkarten das 3D Sicherheitssystem vorausgesetzt wird. Konkret ist das ein Passwort, welches du beim Kauf angibst. Deine Kreditkartenfirma sollte dir diese Methode ermöglichen.

Nachdem du deine Kreditkartendaten angegeben hast, bist du registriert worden und kannst bis zu einem Wert von 500 Euro Ether handeln, kaufen und verkaufen. Erzielte Erlöse beim Verkauf werden deiner Kreditkarte gutgeschrieben.

Bankkonto – größere Beträge

Wenn du Ether in größeren Mengen kaufen oder verkaufen willst, brauchst du ein echtes Bankkonto mit dem SEPA-Verfahren. Der Nachteil daran ist jedoch, dass der Verkauf/Kauf bis zu 5 Werktage in manchen Fällen dauern kann. Der Vorteil daran ist, dass du wesentlich höhere Beträge zum Handeln einsetzen kannst. Wenn du mit SEPA anstatt mit Kreditkarte bezahlen willst, kannst du hier auch den Verifizierungsprozess abbrechen und gleich in den Menüpunkt „Einstellungen -> Zahlungsmethode“ gehen. Hier kannst du mit dem Knopf „Zahlungsmethode hinzufügen“ dein Konto angeben.

Im Anschluss wirst Du aufgefordert, einen Betrag an die angegebene IBAN, ein estnisches Konto, zu transferieren. So wird sichergestellt, dass du tatsächlich Eigentümer dieses Bankkontos bist. Nach einigen Tagen sollte dein Konto bestätigt sein und du kannst loslegen.

Das Online-Wallet

Sobald du den Verifizierungsprozess durchlaufen hast und etwas Geld bei Coinbase hast, kannst du Ether (oder Bitcoin und Litecoin) kaufen. Dazu richtet Coinbase dir ein Wallet ein, auf dem dann deine Ether oder BitCoin liegen.

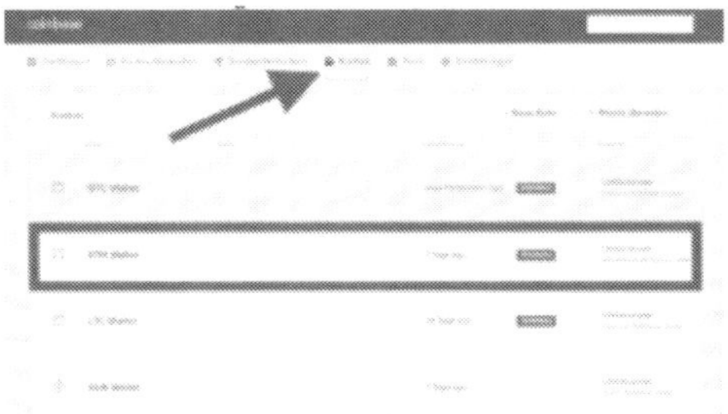

Ether kaufen oder verkaufen

Um jetzt Ether zu kaufen oder zu verkaufen, tust du folgendes:

- Klicke in der oberen Reihe auf Buy/Sell und wähle aus, ob Du verkaufen (buy) oder kaufen möchtest.
- Als Kryptowährung wählst du Ethereum

- Wähle deine Zahlungsart, z.B. Kreditkarte aus
- Gib die genau Anzahl Ether ein, die Du kaufen/verkaufen möchtest
- Schließlich klickst du auf Sofortkauf und bist fertig.

Ether über Coinbase verschicken oder transferieren

Genau wie in einem Offline-Wallet kannst du bei Coinbase Ether empfangen und versenden. Zum Versenden klickst du in der oberen Leiste auf „Send/Request" und gibst im Feld „Recipient" die Ether-Adresse an, der du etwas senden möchtest. Wähle dann dein Wallet aus, gib die genaue Anzahl an Ether ein (es gibt viele Nachkommastellen, die du einsetzen kannst!) und klicke dann auf „Mittel senden". Der gewünschte Betrag wird dir nach einer Weile von deinem Konto abgezogen und dem Empfänger gutgeschrieben.

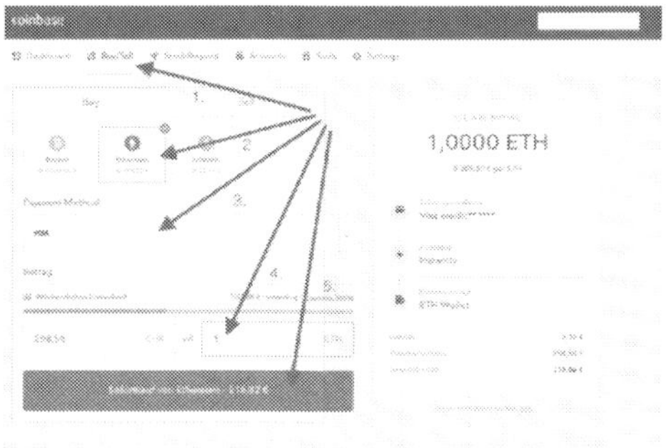

Ether empfangen über Coinbase

Um Ether zu empfangen, brauchst du die ETH-Adresse deines Wallets. Hierzu klickst du auf dein Konto und dann rechts oben auf „Wallet Adresse". Die Wallet Adresse ist eine sehr lange Zeichenkette. An diese Adresse schickt der Sender – bitte keine Fehler machen, denn ansonsten schickst du dein ETH nicht an die richtige Adresse. Dieses Vorgehen ist bei anderen Börsen übrigens genauso.

IOTA auf Binance einkaufen

Nun, nachdem die Ether oder Bitcoin auf Coinbase (oder sonstigen Marktplätzen) eingekauft wurden, geht es an die Registrierung bei

Binance. Dazu muss man sich erstmal bei Binance registrieren: *https://www.binance.com/*.

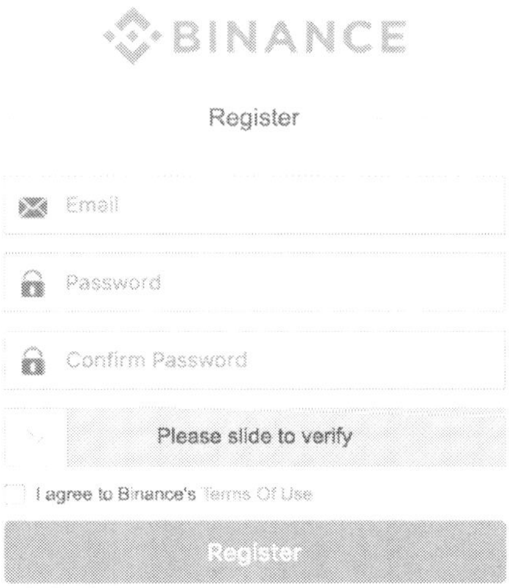

Die Email-Addresse muss verifiziert werden, und sobald man in Binance eingeloggt ist, kann es losgehen. Dazu einfach oben auf das Feld „Funds“ gehen und klicken. Das Menü öffnet sich:

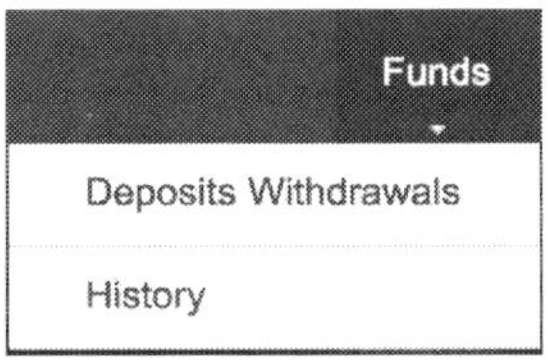

Hier jetzt auf „Deposit Withdrawals“ klicken. In diesem Schritt sendet man eine Kryptowährung in bestimmter Höhe an Binance. Zunächst muss die richtige Währung genommen werden (Bitcoin für Bitcoin Zahler, Ether für Ethereum-Zahler, die so wie ich vorher Ether gekauft haben). Als Ergebnis wird Binance eine Addresse nennen, auf die man einzahlt.

Das Binance Konto aufladen

Jetzt geht es zurück in Coinbase, oder eine andere Börse, um die Währung an diese Adresse zu senden. Dazu muss man meistens eine bestimmte Auswahl treffen und die Adresse, sowie die Menge angeben. Die Adresse muss korrekt sein – ansonsten wird die Zahlung ins Leere laufen. Nach dem Eingeben der Daten wird be iCoinbase noch einmal ein Bestätigungsfenster aufgehen – dieses sollte nochmals geprüft werden.

Die eingegebene Adresse muss 1:1 die Binance Konto-Adresse sein! Ein Versand zu Binance kann dauern, denn die Netzwerke sind tatsächlich etwas überlastet und es kann daher auch mehrere Stunden dauern, bis es ankommt.

IOTA einkaufen

Sobald die Sendung angekommen ist, kann man auf den „Exchange“ klicken, der links oben neben dem Binance Logo ist. Auch hier geht wieder das Menü auf, und man kann auf „Basic“ klicken.

Jetzt gilt es, das richtige Währungspaar und die Menge auszuwählen: Also IOTA kaufen und Ether oder Bitcoin geben mit *IOTA/BTC* oder *IOTA/ETH*.

Das Kaufformular muss ausgefüllt werden, und schließlich auf Kaufen („Buy IOTA“) geklickt werden. Der Kauf ist fertig – es kann auch wieder dauern, bis das System der Börse den Einkauf anzeigt. Ab sofort hältst du die IOTA in deinem Wallet bei Binance!

Was ist ein Wallet?

Nachdem wir gesehen haben, wie man IOTA kauft, soll noch einmal das Wallet an sich diskutiert werden, aber auf einer höheren Ebene. Was genau wird darunter im Bereich Kryptowährungen überhaupt verstanden?

Mit dem Begriff Wallet wird bei Kryptowährungen meist verwendet, um ein Konto in einer Kryptowährung zu beschreiben, welches mit Zugangsdaten gesichert ist. Ich möchte hier noch genauer erläutern, was ein Wallet genau ist, da das Wallet der Kern jeder Aktion mit Kryptowährungen wir IOTA ist.

Zunächst will ich eine Negativ-Definition beschreiben: Was ist ein Wallet **nicht**?

- Ein Wallet ist kein physischer Geldbeutel. Es gibt keine Datei, die eine Kopie aller IOTA enthält.
- Ein Wallet ist kein Banktresor, es gibt auch keinen Server oder Festplatte, die das Wallet speichert.

Eine gute Analogie eines Wallets in der echten Welt ist ein Stempel mit dem Namen des Besitzers. Bei Kryptowährungen werden alle Transaktionen aufgezeichnet und jeder kann sich an diesem öffentlichen Platz mit seinem Stempel beteiligen. Der Stempel ist dann ein Zeichen der Autorität, um Coins von A nach B zu transferieren.

Jeder Teilnehmer weiß, dass von diesem Stempel etwas gesandt wurde und kann die Transaktion einsehen. In Kryptowährungen ist der Stempel das Wallet, eigentlich das Gerät von dem aus man die Transaktionen machst. Das Stempeln ist dann das Eingeben der privaten und öffentlichen Schlüssel.

Gleichzeitig ist dieser Stempel auch extrem wichtig, denn wenn man ihn verliert, hat man auch die Möglichkeit verloren, neue Transaktionen zu stempeln. Gleichzeitig kann derjenige, der diesen Stempel findet, Transaktionen damit ausführen. Bei Kryptowährungen kann jeder, der den privaten Schlüssel eines Kontos hat, von dort aus Transaktionen ausführen. Somit ist das Wallet also das Schlüsselpaar.

Bild: Ein IOTA-Web-Wallet - nicht empfohlen, da sie gehackt werden können.

Was sollte ein Wallet können?

In Wallets speichert man seine Kryptowährung, also ist das Wallet so ziemlich das wichtigste. Es gibt mehrere Arten von Wallets. Ein Wallet sollte mindestens folgende Voraussetzungen erfüllen:

- Kontrolle der privaten Schlüssel – diese solltest du nicht bei einer Tauschbörse liegen lassen
- Einfach benutzbar – gerade hier ist noch viel zu tun
- Aktive Entwicklergemeinschaft – die Geldbeutel sollten weiterentwickelt werden
- Backupmöglichkeiten: viele Wallets bieten Möglichkeiten, den Stand irgendwo zu sichern
- Einsatzbarkeit auf verschiedenen Systemen: das Wallet sollte auf allen Betriebssystemen einsetzbar sein.

Wenn du also dir ein Wallet anschaffst, solltest du diese Informationen im Blick behalten. Ich werde im Folgenden zwar einige nennen, spreche aber mit Absicht keine Empfehlung aus, denn ich empfehle, dass du diese Entscheidung selbst fällst.

Die unterschiedlichen Arten an Wallets

Man unterscheidet grundsätzlich die folgenden Arten:

Hardware Geldbeutel: dies sind eine Art USB-Sticks auf denen der private Schlüssel gespeichert wird. Sie sind am sichersten und von der Funktionsweise mit Bargeld zu vergleichen. Immer daran denken, diese Sticks nicht einfach in irgendwelche Rechner schieben, denn es gibt Software um solche Sticks auszulesen.

Beispiele für Hardware Wallets sind:

- Keep Key (172€ bei Amazon)
- Ledger Nano S (90€ bei Amazon)
- Trezor (Aktuell nur Bitcoin, 190€ bei Amazon)

Online-Börsen: An solchen Börsen kann man IOTA kaufen. Es gibt hier auch die Möglichkeit, die IOTA bei der Börse zu lassen. In den meisten Fällen wird man hier die IOTA kaufen und von dort aus überweisen, entweder an eine eigene Adresse zum sichern oder um sie einzutauschen. IOTA wird Anfang 2018 bei Bitfinex, Binance und CoinOne. angeboten Wer Aktien schon gekauft hat, der weiß, dass es minimale Unterschiede pro Handelsplatz gibt, und so ist auch mit den Onlinebörsen.

In jedem Fall wird man hier erst ein Bankkonto verknüpfen müssen, eine Einzahlung leisten und kann dann handeln.

Fazit: Mit einem Hardware Geldbeutel ist man sicher unterwegs, hat aber auch gewisse Umstände, wenn man die Kryptowährung handeln will. Hardwarewallets sind nur zum längeren Halten empfehlenswert. Eine Sonderform der Hardwarewallets sind übrigens Papierwallets, denn man kann seine Zugänge und Adresse auch einfach ausdrucken. Dann hat man allerdings eine sehr umständliche Sicherung, die man aber überall verstecken kann. Nur das Wiederfinden ist wichtig und rauswerfen sollte man es auch nicht!

Für Papierwallets kann man auch *https://iotasupport.com/gui-newseed.shtml* verwenden, denn es erstellt eine Adresse mit Passwort.

Ein IOTA Wallet anlegen

Wir haben jetzt gesehen, dass in jeder Kryptowährung das eigene Wallet wichtig ist. Auch IOTA ist hier keine Ausnahme, weswegen hier gezeigt werden soll, wie man ein IOTA Wallet anlegt.

Hier ist, wie schon geschrieben, die Kombination entscheidend, die das offizielle Wallet ausgibt. Diese Kombination, die als „Seed“ bezeichnet wird, muss auf jeden Fall gesichert werden. Bei IOTA ist ein Seed eine 81-stellige Kombination lateinischer Großbuchstaben und der Zahl 9, die beliebig oft vergeben werden kann.

Die Software laden

Das offzielle Wallet ist online unter: *https://github.com/iotaledger/wallet/releases* und muss fürs jeweilige Betriebssystem passend geladen werden (Windows oder Mac, oder Linux). Unter Windows nimmt man also den „Latest Release“ und installiert ihn. Dabei öffnet sich folgender Schirm:

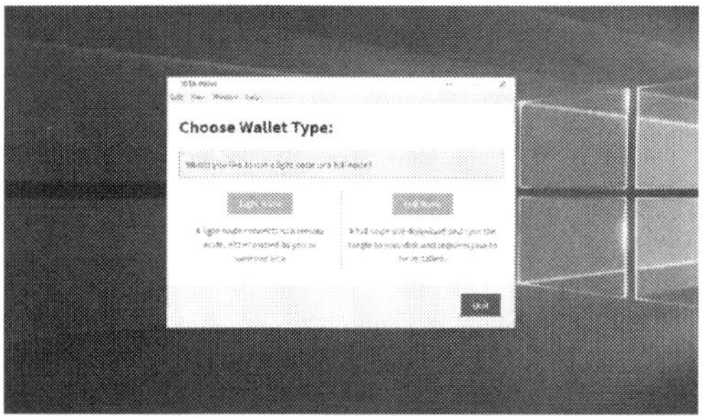

Wer nur IOTA senden und empfangen will, kann den „Light Installer“ nehmen, da hier kein Knoten eingerichtet wird. Im nächsten Schritt muss man einen Server auswählen – hier kann man jeden Server nehmen, es gibt aber auch den vom offiziellen IOTA Team. Nach dieser Verbindung kann man sich selber einen Seed vergeben in diesem Bildschirm:

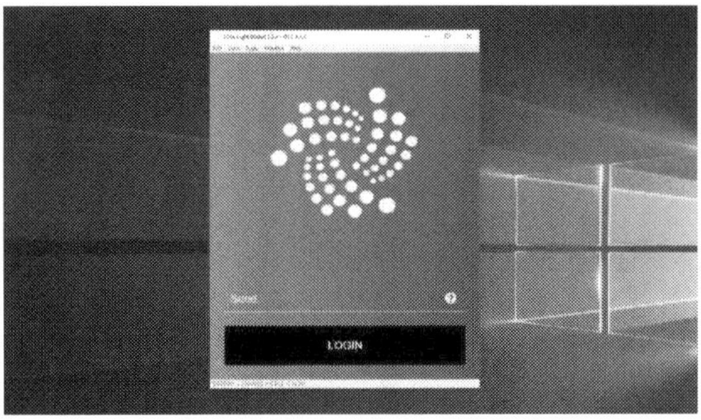

Der Seed ist selbstvergeben, also könnte man natürlich einfach AAAAA... eingeben. Das macht es eventuellen Hackern aber einfach, ich empfehle daher einen kreativen Ansatz, beispielsweise unter Verwendung eines Passwortgenerators. Idealerweise verwendet man keine Online-Generatoren, da diese wohl teilweise gehackt werden. Wichtig ist auch eine öftere Verwendung der 9. Den Seed sollte man anschließend auf jeden Fall sichern! Es gehen auch kürzere Phrasen, wobei dies nicht empfehlenswert ist.

Nach der Eingabe landet man im Handelsfenster und kann IOTA senden und empfangen:

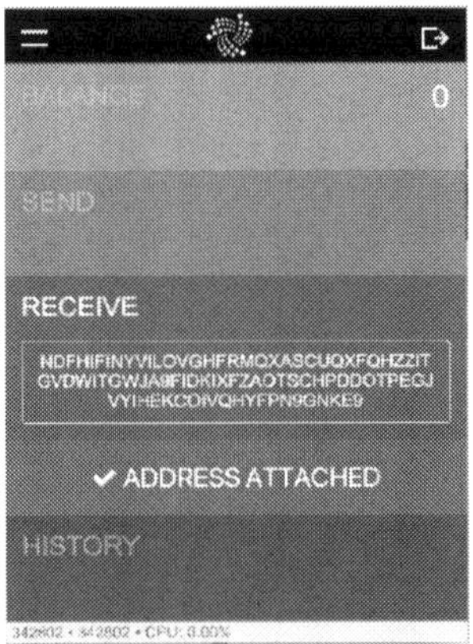

Unter „Receive“ findet man die öffentliche Addresse, an die ein eventueller Transfer gehen würde.

Mehrere Transfers

Ein neuer Transfer vom IOTA-Konto sollte erst erfolgen, wenn die vorherigen Überweisungen bestätigt wurden.

Kapitel 4: In IOTA investieren

Von Bitcoin wissen die meisten, wie es angestiegen ist. Kostete ein Bitcoin Anfang 2013 noch weniger US-$, liegt ein Bitcoin Anfang 2018 im vierstelligen Bereich. Das ist viel Geld. Gleichzeitig ist IOTA aktuell noch in einem ähnlichen Bereich: Anfang 2018 kostet es rund 2 US-$. Ein kleines Investment kann bereits mit 50 € stattfinden – das sind auch nur ein paar Drinks im Club.

Beim Investieren ist es wichtig zu wissen in welcher Einheit gerechnet wird. Es gibt einen Unterschied zwischen i, Ki, Mi, Gi, Ti und Pi! Dieser Unterschied richtet sich nach den Vorgaben des internationalen EInheitensystems (SI). Diese Normierung kennt man auch von Rechnern (Gigabyte, Kilobyte, usw.). IOTA startet bei einem IOTA, welches dann ab 1.000 IOTA als Kilo-IOTA (KIOTA) gerechnet wird, ab einer Million wird in Mega-IOTA (MIOTA) gerechnet, ab einer Milliarde Giga-IOTA: GIOTA. Die höchste Einheit ist ein Peta-IOTA.

Warum in IOTA investieren?

Vorhin habe ich bereits IOTA mit Bitcoin und Ethereum verglichen. Ich möchte hier noch einmal harte Fakten aufzeigen:

Der Wert von IOTA

Was ist ein IOTA wert? IOTA ist zunächst eine Brückenwährung, die vor allem auf das Internet der Dinge abzielt. Innerhalb des Netzwerks kann IOTA frei gehandelt werden und sein Marktpreis schwankt gegenüber dem Euro, Dollar und anderen Währungen.

Da IOTA als Rückgrat des Internets der Dinge gestaltet werden soll, ist der Fokus nicht, IOTA als alternative Währung zu bewerben. Im Gegenteil arbeitet man eher daran, mehr Brücken zu anderen Währungen aufzubauen.

Wie wird der Preis für ein IOTA festgelegt?

Aktuell wird er von Spekulanten auf den Kryptowährungsbörsen festgelegt. Langfristig kann Spekulation aber nicht der Treiber des Preises von IOTA sein. Anders als bei vielen Kryptowährungen ist IOTA außerdem ein Produkt, welches sich schlussendlich an Firmen im Internet der Dinge richtet. Diese werden es einsetzen und nutzen wollen, und nicht damit spekulieren wollen.

Immer wieder ändert sich der Preis von Kryptowährungen natürlich dennoch. Bitcoin zum Beispiel wurde schon häufig mit einem der vorhin als Wertgegenstand vom Typ A beschriebenen Ponzi-Schemen verglichen. Auch solche Unterstellungen verstehen nicht, wie Bitcoin seinen Wert ableitet.

Bei Bitcoin leitet sich der Wert aus Spekulation ab, aus Menschen die an seinen zukünftigen Nutzen glauben. Auch wenn Bitcoin von manchen als Geld eingesetzt wird, wird es doch von der Mehrzahl der Nutzer als Spekulationsobjekt auf seinen zukünftigen Preis gesehen. Tatsächlich ging Bitcoin bereits durch drei Spekulationswellen, und könnte 2017 in die vierte eingetreten sein.

Die erste Bitcoin-Blase, 2011:

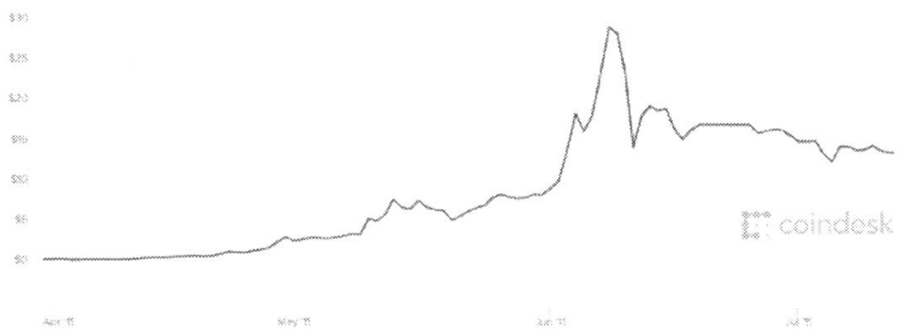

Zweite Bitcoin Blase, 2013:

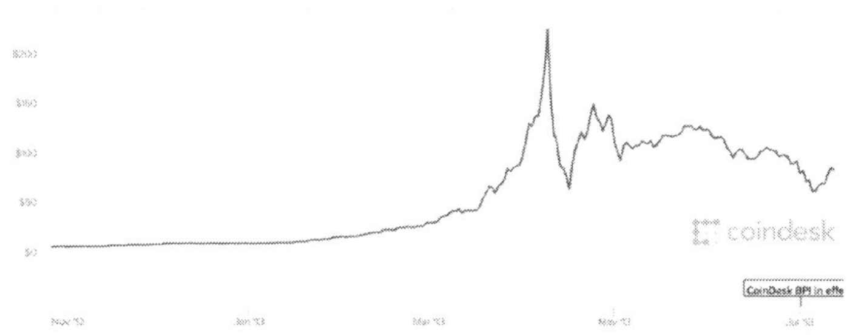

Dritte Bitcoin-Blase, 2013–2014:

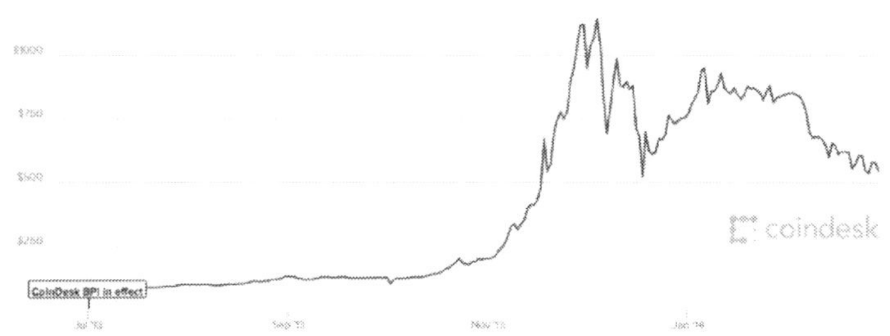

Blasen als Marktphänomen

Was bedeutet denn das Wort Blase bei der Preisentwicklung? Blasen können **systemisch** sein: sie können schwierig zu beobachten sein, weil sie ganze Industrien oder Wirtschaftssysteme erfassen. Wer in einer Blase lebt, wird sie auch nicht als solche wahrnehmen, was beispielsweise beim Dot-Com Crash passierte.

Blasen können auch individuell sein, wenn der Preis eines Wertgegenstands viel höher ist als sein Nutzwert. Das kann beispielsweise passieren, wenn zu viel nutzloses Geld auf Investment-Möglichkeiten wartet, und so den Preis steigert. Blasen entwickeln sich als Folge von Zukunftserwartungen oder blindem

Glauben, aber diese Faktoren können bei einem Schock schnell verschwinden.

Wenn man sich eine Lawine vorstellt, ist das ganz ähnlich: ein kleiner Baum fällt, weil etwas Schnee den Berg herunterrollt, und nimmt dabei einen Haufen Schnee mit. Der Prozess setzt sich fort, bis eine große Lawine beginnt. Das ganze System hat auf den Schneestoß gewartet. Bei Blasen im Markt ist es genauso, und die Investoren werden in ihrer Fluchtbewegung verstärkt.

Das interessante an Blasen ist immer das „Danach“. Im Falle der Kryptowährung Bitcoin ist diese jedes Mal stärker geworden, mehr Infrastruktur wurde um sie gebaut und mehr Nutzer angezogen. Der Preis stabilisierte sich, und diejenigen, die dachten, dass der „wahre Wert“ bei null läge, waren falsch. Hier ist es hilfreich, sich die Erfahrungen mit Bitcoin anzusehen, da Bitcoin als erste etablierte Kryptowährung sich seit 2008 entwickelt hat.

Wie leitet Bitcoin seinen Wert ab?

Bitcoin ist nicht ein Gut in der echten Welt. Sein Wert leitet sich ab, weil Menschen an es glauben, so wie bei anderen Währungen. Sein Wert ist daher zufällig und vom Glauben abhängig. Es gibt keine Fakten oder Bewertungen, sondern Bitcoin ist einzig vom Gefühl abhängig. Tatsächlich zählen Fakten oft mittlerweile weniger als Gefühle, und Bitcoin profitiert davon. Was fühlen die Leute bei Bitcoin?

- Bitcoin zu besitzen, lässt sie sich schlau fühlen, da sie in etwas Neues investieren, was manche nicht haben
- Es gibt ein Gefühl von Bedeutung, wenn man anderen den Hintergrund dieser Technologien erklären kann
- Es gibt ein Gefühl, dabei zu sein in einer internationalen Gemeinschaft.
- Bitcoin zu besitzen ist dynamisch, denn es passiert täglich etwas.

Bitcoin erlaubt es, die obigen Gefühle zu haben, wenn man sich in Bitcoin einkauft, und es bringt die Menschen in eine andere Welt von Vermögen und Investieren. Was wären die Gründe, die die Menschen dann tatsächlich nennen würden, warum sie Bitcoin kaufen?

- Bitcoin ist eine selbsterhaltende digitale Peer-to-Peer Währung
- Bitcoin wird Mikrozahlungen im Internet ermöglichen
- Bitcoin wird Regierungen, die mit Inflation arbeiten, ausbooten
- Es ist digitales Gold oder eine entstehende Vermögensklasse
- Es erschafft das Internet 3.0, das Internet der Werte.

All diese Narrativen können nicht wahr sein, und müssen es auch nicht sein. Das ist der Grund, weswegen Bitcoin so häufig von Crashs wieder aufgestiegen ist. Bitcoin lebt im Internet und konnte schnell die Aufmerksamkeit auf sich ziehen und neue Leute begeistern. Wenn neue Leute in Bitcoin einsteigen wollen, dann steigert dies den Wert der Kryptowährung weiter. Das bedeutet, jedes Mal, wenn irgendwo der Name Bitcoin fällt, ist dies auch eine Art von Werbung.

Bitcoin hat sich außerdem fähig erwiesen, sich zu entwickeln, sodass sich seine zugrundeliegende Narrative geändert hat. Zunächst ging es um ein Zahlungsnetzwerk, aber mittlerweile hat sich Bitcoin fast in Richtung „Basis“-Kryptowährung entwickelt. Vor allem in Ländern mit Hyperinflation ist es tatsächlich in Verwendung, was zu seiner weiteren Verbreitung beitragen wird. Bitcoin verändert sich also stetig, und auch IOTA wird diese Veränderungen noch erfahren.

Wem gehören wie viele IOTA?

Nachdem alle 2.779.530.283.277.761 IOTA bereits geschürft wurden, was rund 2.800.000 GIOTA entspricht, wurden diese in einem ICO vom 25. November bis zum 21. Dezember 2015 verkauft. Die Entwickler selber halten keine Token. Anfang 2016 waren bereits 60% der IOTA auch an die jeweiligen Kunden verteilt, sodass es rund 500 Adressen mit mehr als 1 GIOTA gab. In den letzten Monaten hat dafür der Handel an Fahrt aufgenommen, und Anfang 2017 gab es einige Tausend Adressen mit einem positiven Saldo.

Aktuell sind somit alle IOTA im Umlauf, und die Adressen mit kleinen Salden wachsen aktuell sehr stark, sodass die Verteilung läuft. Der Anteil großer Adressen sind stetig, was generell ein guter Trend ist. Einige große Adressen repräsentieren auch Kryptobörsen, hinter denen sicherlich mehr Nutzer stehen. Je mehr Token gleichverteilt sind, werden mehr Nutzer einsteigen. Das Risiko, dass IOTA zum Spielball einiger großer Investoren wird, sinkt so.

Exkursion: Die Funktion von Geld

Wenn man IOTA einkauft, dann bekommt es zwangsläufig eine Funktion wie Geld. Es ist eine Währung, auch wenn tatsächlich ein ganzes Projekt dahintersteht. Geld hat klassischerweise drei Funktionen – je besser es sie erfüllt, umso eher wird es erfolgreich sein.

- Tausch- und Zahlungsmittel: Die wichtigste Funktion von Geld, ist es in andere Dinge, wie Zeit oder Dienste eintauschen zu können. Man kann es außerdem verleihen. Um als Tauschmittel erfolgreich zu sein, muss es generell akzeptiert sein, und diese Akzeptanz steigt auch, je einfacher der Umgang mit diesem Geld ist.
- Wert: häufig wird in Geld der Wert von Gütern oder Leistungen gemessen und verglichen. Es dient auch als Einheit zum Zählen. Damit kann man es auch zur Dokumentation benutzen.
- Wertaufbewahrung: Geld kann als relativ „flüssiger“ Weg

zur Wertaufbewahrung benutzt werden, da es schnell getauscht werden kann. So dient es Sicherheit vor unvorhergesehenen Zufällen und kann plötzliche Kosten abdecken. Außerdem gibt es die Möglichkeit, so plötzliche Gelegenheiten auszunutzen.

Was ist das Potenzial von Kryptowährungen?

Wenn man sich Währungen im historischen Vergleich ansieht, stellt man fest, dass alle Währungen die Unterstützung einer zentralen Autorität benötigen um ihren Wert und ihre Stabilität zu bewahren. Auch sind Themen wie Regulierung und Sicherheit so besser zu garantieren. Dennoch haben Kryptowährungen hier großes Potenzial, denn bei ihnen sind die Regeln im Programmcode abgebildet: wenn der Code quelloffen ist, kann ihn jeder nachvollziehen. Gerade die Tatsache, dass garantiert niemand mehr Bitcoin „einfach so“ drucken kann, unterscheidet Kryptowährungen von herkömmlichen Währungen.

Das Potenzial von IOTA

IOTA hat im Gegensatz zu Bitcoin noch einmal ein besonderes Potenzial. Das liegt an folgenden Gründen:

- Skalierbarkeit: je mehr Nutzer auf IOTA steigen, umso mehr wird sich das Netzwerk stabilisieren, was bei allen Blockchain-Anwendungen nicht der Fall ist. Hier „verstopfen“ die Netzwerke.
- Wachsender Anwendungsfall: Der Anwendungsfall von IOTA, das Internet der Dinge, ist gerade erst am entstehen. Die Geräte der ersten Generation werden gerade erst gebaut und verbreitetet. Die Vision ist gerade erst am Entstehen.
- Hochkarätige Nutzer: IOTA hat bereits mehrere hochkarätige Partner, wie zum Beispiel Bosch, die auch bereits Geräte entwickeln, die sich über IOTA verbinden werden.
- Allgemeine Krypto-Euphorie: Ob die Kurse steigen oder

sinken, Währungen wie IOTA bieten ein innovatives Produkt, welches viel Aufmerksamkeit erfährt. Diese Branche und Anlageklasse entsteht gerade erst, wie die neuen Zertifikate, die den Wertverlauf dieser Währungen abbilden, zeigen.

- Fehlende Transaktionsgebühren. Dies ist ein Alleinstellungsmerkmal, welches keine andere Kryptowährung bietet.

Zusammenfassung

Kryptwährungen repräsentieren ein hoch spekulatives und unreguliertes Investment, was sie auch interessant macht. Sie werden „normale“ Währungen wahrscheinlich nicht ersetzen, aber im Falle IOTAs ist das auch nicht das Ziel. IOTA hat einen klar festgelegten Anwendungsfall, aus dem sich die Nachfrage generieren wird. Mit fortschreitender Zeit werden auch mehr Regulierung und Nutzer in den Markt eintreten, sodass der Markt an Stabilität gewinnen wird. Schritt für Schritt werden sie sich etablieren.

Kapitel 5: Sicherheitsmaßnahmen

IOTA ist ein Protokoll, welches zunächst für IoT-Geräte gebaut wurde. Sie sollen einprogrammierten Regeln folgen, und sicher sein, aber den Menschen können Fehler unterlaufen. Ich empfehle folgende Regeln im Umgang mit IOTA.

- Den Seed nicht online erstellen, nicht an Dritte herausgeben und an einem nicht-online Ort ablegen und sichern

Wer den Seed hat, hat die Kontrolle über das Konto und kann jederzeit Transaktionen signieren. Wer sich nicht vorstellen kann, einen Seed selber zu erstellen – auch wenn jedweder Satz ein Seed sein kann – sollte sich eine zufällige Phrase aus einem Buch suchen.

- Adressen nicht wiederverwenden

Da IOTA Einmalsignaturen verwendet, sollten diese nicht wiederverwendet werden. Das liegt daran, dass beim Einstellen einer Transaktion ungefähr 50% des Seeds bereits nachvollziehbar sind. An sich ist das kein Problem, denn die verbleibenden 50% sind immer noch aufwendig zu knacken. Allerdings ist dann, bei einer weiteren Transaktion, die Wahrscheinlichkeit weiter gestiegen: ungefähr 75% des Seeds könnten jetzt ausgelesen werden. Das muss aber nicht unbedingt die genaue Zahl sein, es könnte auch weniger oder mehr Wahrscheinlichkeit sein, sodass der private Schlüssel aber mit jeder Nutzung einfacher zu erraten ist.

- Für jede Transaktion dem Tangle eine neue Adresse hinzufügen

Auch wenn die IoT-Geräte mehrmals Zahlungen empfangen können, ist dies bei ihnen kein Thema, da sie ihre Partner kennen. Wenn man aber als Einzelperson dies tut, macht es Sinn. Das liegt daran, dass zwar an sich IOTA einer Adresse senden kann, die vorher noch nicht im Tangle aktiv war.

Allerdings ist das IOTA-Wallet etwas anders, denn es ist möglich, dasselbe Wallet auf verschiedenen Rechnern zu installieren und gleichzeitig mit demselben Seed aktiv zu sein. Das System wird dann den Status des Wallets direkt aus dem Tangle ablesen. Beide Wallets werden dann gleich auf Ereignisse reagieren.

Wenn man allerdings das Wallet verwenden will, wird es entscheiden, welche Adressen bereits verwendet wurden. Das tut es, indem es den Knoten, mit dem es verbunden ist, nach einer Liste der Transaktionen, die mit der Adresse verbunden sind fragt. Wenn man nun eine Adresse dem Tangle hinzufügt, erstellt man direkt eine „Nullsummen“-Transaktion für diese Adresse. Jetzt kann das Wallet diese Transaktion im Tangle finden, und weiß dass es verwendet wird. Wenn nun jemand dem Wallet etwas sendet, sollte es auf jeden Fall von einer anderen, neuen Adresse aus sein. In solchen Fällen kann es sonst zum sogenannten „Multi-Spend“ kommen.

- Auf die Bestätigung einer Transaktion warten, bevor eine Neue ausgeführt wird.

Das Wallet soll eigentlich die Nutzer am Multi-Spending hindern soll, indem es vor einer Zahlung prüft, ob bereits eine bestätigte Zahlung an die Zieladresse stattgefunden hat. Dennoch ist es in bestimmten Szenarien möglich, dass es dennoch zu einer Doppelausgabe kommt. Daher sollte immer erst die letzte Transaktion bestätigt werden, bevor es zu einer neuen kommt.

Kryptobörsen

Auch im Umgang mit Kryptobörsen sind Sicherheitsvorkehrungen äußerst wichtig. Auch hier sollten Passwörter und Zugänge geschützt werden. Im Fall der Zwei-Faktor Authentifizierung ist es empfehlenswert, eine eigene Handynummer nur für solche

Aktivitäten zu benutzen.

Zusammenfassung

Bei Kryptowährungen gibt es ein Wallet, welches im Grunde aus zwei Schlüsseln besteht, einem öffentlichen Schlüssel und einem privaten Schlüssel. Das Wallet hat einen Kontostand, enthält aber selber keine IOTA. Der private Schlüssel „öffnet“ das Wallet, mit ihm können Transaktionen geschrieben werden. Wer ihn hält, hat die Kontrolle über das Wallet. Da Transaktionen nicht rückgängig gemacht werden können, gilt es, hohe Sicherheitsstandards einzuhalten.

IOTA im Einsatz und im Detail – Technik und Anwendungsfälle

Im Folgenden möchte ich die konkreten Hintergründe der Plattform IOTA beschreiben, bevor ich dann im Kapitel 7 einige Anwendungsfälle vorstelle. Grundsätzlich ist bei IOTA die Vision, das Rückgrat für das kommende Internet der Dinge zu werden.

Kapitel 6: Grundlagen und Idee

Brandneue Technologien wie IOTA kommen natürlich auch mit einigen Zwischenfällen. Das kommt bei anderen Technologien, wie Ethereum mit dem DAO-Hack vor, oder bei Bitcoin mit Mt. Gox.

Bei IOTA ist das Mantra, eine nicht-Blockchain basierte, skalierbare, dezentralisierte, schnelle, gebührenfreie quantensichere Anwendung für das Internet der Dinge aufzubauen. Da ist es klar, dass es auf exotischer Technologie aufbaut, weswegen ich hier gar nicht so sehr in die Tiefe gehen kann. Kernfunktionen wie den direkten azyklischen Graphen, Subtangles, Meilenstein und Funktionen im IRI sind nicht im Fokus dieses Buchs. Dennoch sollen hier einige Kernkonzepte beschrieben werden.

Skalierbarkeit

Da neue Transaktionen immer zur Bestätigung von zwei vorhandenen Transaktionen führen, steigert die Durchsatzgeschwindigkeit und das Timing im Netzwerk. Das ist genau anders herum als bei Blockchain-Anwendungen. IOTA hat keine Blöcke, und muss Seeds und Adressen nicht anordnen. Transaktionen können auf verschiedenen Geräten gespeichert sein, ungeordnet, oder sogar geteilt. Das Tangle bestätigt neue Transaktionen und die Adressen enthalten Salden. Aus diesem

Merkmal entsteht die Möglichkeit, die Programmbibliothek MapReduce anzuwenden, die große Datenmengen verteilt ablegen kann. Das ist gut für einen verteilten Ledger, an dem massenhaft Geräte teilnehmen. Auch Subtangles können so wieder integriert werden.

Auch die Verwendung von Multi-Transaktionen ist ein Trick, der angewandt wird. Sie bestehen aus einer nicht festgelegten Anzahl Transaktionen, die verkettet sind und dieselbe Adresse nutzen. Nur die erste Transaktion hat einen Wert, während die nachvollgenden einen Nullwert haben. Es gibt also keinen Zwang zur Reihenfolge und keinen Zwang zum Übergehen von Transaktionen.

Durch diese Maßnahmen erzielt IOTA einen hohen Netzwerkdurchsatz, der ungefiltert ist, da Null-Werte nach Nicht-Null-Wert Transaktionen hinzugefügt werden. Es gibt keine „maximale“ Anzahl an Transaktionen, wie in einer Blockchain und somit keine Debatte über die Blockgröße.

Was passiert, wenn das Tangle wächst?

Aktuell gibt es im Tangle einen gewissen Proof-of-Work Algorithmus, damit kein Spam stattfindet. Der Proof-of-Work Algorithmus, der verwendet wird, um Spam abzuwehren, ist dem Hashcash Algorithmus nicht unähnlich.

Die Größe des Tangles wird regelmäßig durch sogenannte Schnappschüsse verkleinert, und so verbessert. Der Flaschenhals, der IOTAs Verbreitung behindert, ist nicht die Bestätigungsrate oder die Größe des Tangles, sondern die Bandbreite. Ohne solide Infrastruktur kann das Tangle nicht sein volles Potenzial entfalten.

IOTA ist somit aktuell dezentralisiert, und könnte vollständig frei laufen, wird aber noch weiter entwickelt. Zukünftig wird der Coordinator entfallen und durch einen Zufallslauf einer Monte-Carlo Simulation ersetzt.

Durchführung von Transaktionen jetzt und in Post-

Coordinator-Zeiten

Es gibt grundsätzlich zwei Phasen für Transaktionen: jetzt, und nachdem der Coordinator Transaktionen arrangiert hat. Nun erfolgt der Arbeitsnachweis mit einem Hashcash-ähnlichen Algorithmus, der auch bei Bitcoin verwendet wird. Hashcash ist im Grunde genommen eine Aufgabe für den Node, um zu funktionieren und sozusagen ein fehlendes Teil eines Puzzles zu berechnen.

Der Coordinator entscheidet, wo das Tangle neue Transaktionen durchführt und wo er die nächsten Schritte koordiniert. Der Koordinator markiert auch Transaktionen, die bereits bestätigt sind. Aus diesem Grund ist IOTA noch nicht per Definition verteilt, sondern dezentral.

In der Praxis ist IOTA dezentralisiert und könnte ohne den Koordinator völlig frei laufen, aber vorerst ist dieses System als Schutzmechanismus gegen 34%-Angriffe eingerichtet, während das Tangle-Ledger nicht vollständig ausgereift und groß genug ist, um solche Angriffe abzufangen.

Die Genehmigung von Transaktionen in der Zeit nach dem Koordinator arbeitet mit Random Walk-Monte Carlo-Methoden. Das ist ein zufälliger integraler Algorithmus, um zu zufälligen Transaktionen zu springen und sie zu genehmigen.

Die Random Walk Monte Carlo-Methode wird aktiviert, sobald der Koordinator geschlossen wird. Anschließend wird die IOTA Reference Implementation (IRI) auf die IOTA Production Implementation aufgerüstet, um das IoT in Industriegeräten zu unterstützen. Insgesamt hängt die Genehmigungszeit also von der Netzwerktopologie und einer Anzahl von Transaktionen pro Sekunde ab.

Sub-Tangles: Was nützen sie?

Die Sub-Tangles wurden in Kapitel 2 beschrieben. Es handelt sich um getrennte Tangles mit Transaktionen, die zu einem späteren Zeitpunkt mit dem Main-Tangle verbunden werden können.

Stelle dir vor, Carla schickt zehn IOTA an Lee, gibt ihre Transaktion an das Tangle und fünf Minuten später gibt Lee sieben IOTA von diesen zehn aus. Leider könnte Carlas Transaktion an einen Teil des Tangle hängen sein, der nicht so weit verbreitet ist, aber Lees Transaktion wird sofort von 99% des Netzwerks ausgewählt. Es wäre eine schlechte Idee, Lee warten zu lassen, nur weil er Geschäfte mit jemandem gemacht hat. IOTA erlaubt es, Lees Transaktion einzubeziehen, und für einige Zeit wird der Ledger inkonsistent sein, weil die Mehrheit denkt, dass Lee Iotas aus dem Nichts ausgegeben hat. Niemand überprüft wirklich, ob das Hauptbuch in jeder einzelnen Sekunde konsistent ist. Das Netzwerk könnte zwei Minuten später die Transaktion von Carla übernehmen, und dann wird alles in Ordnung sein.

Im Moment ist das Tangle allerdings weder skalierbar noch erlaubt es ungeordnete Tangles, da der Meilenstein-Coordinator Transaktionen organisiert, um das Tangle zu organisieren.

Quantenresistenz

Ein Thema, welches schon erwähnt wurde und rund um Bitcoin sehr bedeutend ist, ist die Quantenresistenz. Sollten auf dem Markt Quantenrechner eingeführt werden, werden sie das Ende von Blockchain-Anwendungen wie Bitcoin sein. Sie werden bisherige Verschlüsselung auf den Kopf stellen.

Vor dem Hintergrund der globalen Vernetzung des IoT ist es ein Problem, das eine sichere Lösung erfordert. IOTA verfügt über einen integrierten quantenresistenten Algorithmus, das Winternitz One-Time Signature Scheme. Der Winternitz-Hash wird als Post-Quantum-Signatur bezeichnet, da Quantenangriffe die Sicherheit durch diese Hashes nicht wesentlich verringern.

Dr. Sergui Popov, ein IOTA-Entwickler, vergleicht IOTA mit

Bitcoin, um die Quantenresistenz zu erklären:

„Ab heute muss man im Durchschnitt etwa 2^68 Nonces überprüfen, um einen geeigneten Hash zu finden, der es erlaubt, einen Block zu erzeugen. Es ist bekannt, dass ein Quantencomputer Θ(√ N) Operationen benötigen würde, um ein Problem der oben genannten Art zu lösen, das Θ(N) Operationen auf einem klassischen Computer erfordert. Daher wäre ein Quantencomputer um √ 2^68 = 234 ≈ 17 Milliarden Mal effizienter im Bitcoin-Mining als ein klassischer. Auch ist es erwähnenswert, dass, wenn die Blockchain nicht ihre Schwierigkeit als Reaktion auf die erhöhte Hashing-Power erhöht, dies zu einer erhöhten Rate von verwaisten Blöcken führen würde. Beachten Sie, dass aus dem gleichen Grund der oben beschriebene „Angriff mit großem Gewicht" auch auf einem Quantencomputer viel effizienter wäre.

Eine Begrenzung des Gewichts von oben würde jedoch auch einen Quantencomputerangriff aus folgendem Grund effektiv verhindern. In Iota ist die Anzahl der Nonces, die man überprüfen muss, um einen geeigneten Hash für die Ausgabe einer Transaktion zu finden, nicht so groß, es sind nur etwa 38. Der Effizienzgewinn für einen "idealen" Quantencomputer wäre also in der Größenordnung 34 = 81, was bereits durchaus akzeptabel ist (denken Sie auch daran, dass Θ(√ N) leicht 10√ N oder so bedeuten könnte). Außerdem ist der Algorithmus so aufgebaut, dass die Zeit zum Auffinden eines Nonce nicht viel größer ist als die Zeit, die für andere Aufgaben benötigt wird, die zur Ausgabe einer Transaktion erforderlich sind, und der letztgenannte Teil ist viel resistenter gegen Quanten-Computing.

Daher legt die obige Diskussion nahe, dass das Tangle einen viel besseren Schutz vor einem Gegner mit Quantencomputer bietet als die (Bitcoin-)Blockchain."

Trinary - Eine neue Hardware-Generation

IOTA ist das Softwareprotokoll, das als Ergebnis der Entwicklung von JINN entwickelt wurde, dem Arbeitstitel für eine neue Art von Mikroprozessor, der auf trinären Berechnungsmethoden basiert. Im Grunde genommen bedeutet das, dass dieser Prozessor nicht mit den binären Zuständen von 1 oder 0 zu tun hat, wie alle Prozessoren auf dem Markt, aber er kann mit den Zuständen +1, 0 und -1 umgehen.

Im Moment muss jeder Computer, der eine Transaktion auf das Gewirr von IOTA schicken möchte, zwei weitere Transaktionen berechnen und damit bestätigen, nämlich Proof of Work. Mit JINN kann dies auf jedem Gerät erfolgen, ohne dass ein Computer eingeschaltet ist. Damit kann jedes Auto, Handy, Kühlschrank oder welches Gerät auch immer Transaktionen über das Gewirr schicken, denn es kann nun den erforderlichen Proof-of-Work erbringen.

JINN wurde erstmals im September 2014 im NXT-Forum angekündigt. Was hat NXT, eine weitere Kryptowährung, damit zu tun?

Erstens war NXT eine der ersten Kryptowährungen, die eine dezentrale Asset Exchange eröffnete. An dieser Börse konnten (und können) Sie Vermögenswerte verschiedener Art kaufen, darunter auch den JINN-Token (vor einigen Monaten konnten Sie dort auch IOTA-Token von anderen Personen kaufen). So war die NXT Asset Exchange der richtige Ort, um etwas Geld für die Finanzierung der JINN-Idee zu bekommen.

Zweitens wurde NXT von einem Entwickler namens Sergey Ivancheglo aka Come-from-Beyond erfunden. Er ist heute eine der Schlüsselfiguren in der technischen Entwicklung und Realisierung von IOTA. Es macht natürlich Sinn, dass er sich auf JINN/IOTA konzentriert hat und seitdem ein Gewinn für das gesamte Projekt ist.

Kapitel 7: IOTA programmieren

Programmierung einer Hello World-Anwendung in IOTA

Der Einstieg ist der schwierigste Teil jeder neu eingeführten revolutionären Technologie. Viele Menschen lernen gerade erst etwas über Blockchain und die grundlegenden Konzepte dahinter.

Dieser Teil unserer laufenden Entwickler-Tutorialreihe konzentriert sich darauf, eine praktische Erfahrung mit dem zugrunde liegenden Protokoll zu vermitteln und die IOTA-API vorzustellen. Am Ende dieses Tutorials werden wir sowohl Werte als auch Daten durch das IOTA Tangle übertragen können. Das gibt einen guten Start in die Entwicklung eigener, IOTA-basierter Anwendungen.

Dieses Tutorial ist in zwei Teile gegliedert. Der erste Teil führt dich in die Anwendung ein und hilft, mit dem eigentlichen Programmieren mit IOTA zu beginnen, indem du die Transaktion mit Daten sendest. Der zweite Teil des Tutorials gibt einen tieferen Einblick, indem er dir bestimmte Teile der Anwendung zeigt und erklärt, so dass du einen umfassenderen Überblick von IOTA und der API erhältst. Wir gehen davon aus, dass du IOTA erfolgreich installiert hast und es auf Port 14265 läuft.

„Hallo Welt“ in IOTA

Bei IOTA dreht sich alles um IoT und Machine-to-Machine-Interaktionen. Aus diesem Grund ist es etwas schwierig, das perfekte „Hello World“-Beispiel zu finden, das sowohl leicht zugänglich ist, denn nicht jeder hat einen Raspberry Pi auf Lager, als auch die grundlegenden Konzepte von IOTA vorstellt.

Dieses „Hello World“-Beispiel in unserem ersten einführenden Tutorial wird daher eine Messaging-Rangliste sein, in der die Nachrichten nach der Anzahl der IOTAs geordnet werden, die mit ihr gesendet wurden. Je höher der gesendete Wert ist, desto höher wird die Nachricht in der Rangliste eingestuft. Ein

Anwendungsfall einer solchen Anwendung wäre die Priorisierung von Aufgaben oder Nachrichten in einer Warteschlange - perfekt für Microservices. Die Anwendung selbst kann aus dem Repository auf github heruntergeladen werden: *https://github.com/romanh4/leaderboard-example*

Die wichtigsten Dateien, die man sich ansehen sollte, sind *index.html* und *send.html*. Ersteres ist für den Empfang von Zahlungen mit Nachrichten und deren Auflistung nach ihren jeweiligen Werten gedacht, letzteres für das Senden einer Transaktion, die eine trytes-codierte Nachricht enthält. Du kannst entweder Transaktionen an dich selbst senden, aber im Allgemeinen macht das mehr Spaß mit anderen Leuten.

1. Erste Schritte

Sobald du den IOTA-Client in Betrieb hast, kannst du API-Anfragen über den Port 14265 (Standard) an deinen Knoten senden. Die vollständige Liste der Befehle sowie weitere Details zu jedem von ihnen findest du in der offiziellen Dokumentation unter *https://iota.readme.io/*. Du kannst dieses Tutorial auch mit einem remote-Knoten ausführen, aber musst die Funktion „*attachToTangle*“ verfügbar haben. Um einen anderen Port und Host zu verwenden, ändere den IOTA-Konstruktor in index.js und send.js (Zeile 6).

Nachdem du das Repo aus Github geklont hast, öffne die index.html in deinem bevorzugten Browser. Du solltest deine leere Rangliste sehen. Öffne das Menü oben rechts, um im ersten Schritt einen Seed zu erzeugen. Ein Seed in IOTA ist eine Folge von lateinischen Zeichen und 9-en, bestehend aus insgesamt 81 Zeichen. Man muss nicht den Seed mit vollen 81 Zeichen erstellen, das wird jedoch empfohlen. Zum Beispiel funktioniert ein Seed wie AAA99BCDZY, während ein Seed wie AA81ÖÄÜ# wegen der Sonderzeichen nicht funktioniert. Behalte das im Hinterkopf. Erstelle deinen eigenen, einzigartigen Seed und gib ihn dann in das

Eingabefeld ein.

Nachdem du deinen Seed eingegeben hast, kannst du eine Adresse generieren. Gehe zu "My Addresses" und klicke auf die Schaltfläche Generate Address. Im Wesentlichen generierst du den privaten Schlüssel zu einem bestimmten Index aus deinem Seed, und aus diesem privaten Schlüssel leitest du deine Adresse ab. Um eine deterministische Adressgenerierung zu ermöglichen, könnten wir diese Adresse an die Adresse „anhängen", die im Grunde genommen eine leere Transaktion sendet. Das würde es einfach machen, herauszufinden, welche Adressen bereits generiert wurden, welche im Tangle sind und welche noch nicht im Tangle sind.

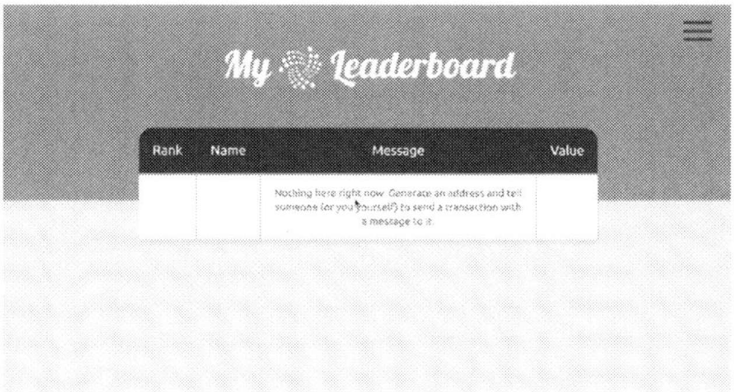

Bild: Address-Erstellung in IOTA

Sobald du den Seed erzeugt hast, solltest du zu *send.html* übergehen. Hier hast du zwei Möglichkeiten: Entweder du meldest dich mit einem bestehenden Seed an, der bereits IOTA hat, da wir für dieses Tutorial tatsächliche Token senden, oder du erstellst einen neuen Seed und generierst eine Adresse, an die du Token senden kannst. Wir gehen jetzt davon aus, dass:

- Du hast einen Seed und eine Adresse für index.html hast.
- Du hast einen anderen Seed und einen bestätigten Saldo auf send.html hast.

Die erste Transaktion durchführen

Jetzt, da du sowohl auf index.html als auch auf send.html angemeldet bist, ist es an der Zeit, eine Transaktion zu senden und die Anwendung selbst zu testen. Gehe zu send.html und gebe deinen Namen und einen zu übertragenden Wert ein. Denke daran, dass je mehr du senden, desto höher wird deine Nachricht eingestuft. Weiter kannst du eine begleitende Nachricht eingeben, die du in das Tangle senden möchstest und an eine Adresse senden möchtest. Dazu kannst du die Adresse verwenden, die du selbst auf index.html generiert hast.

Sobald du auf die Schaltfläche Senden geklickt hast, beginnt der Prozess zur Durchführung einer Transaktion. Wic vorher beschrieben, ist das ein 3-stufiger Prozess:

Bündelbildung: Zuerst erzeugst du mit dem API-Aufruf *„prepareTransfers"* das Bundle, das eine Reihe von Transaktionen ist, einschließlich der für das Senden von Token erforderlichen Signatur.

Tip-Selection: Mit dem Aufruf der API *„getTransactionsToApprove*" wählst du zwei Transaktionen aus, die du mit deiner Transaktion genehmigen wirst. Das ist der ganze Konsens in IOTA.

Proof-of-Work (POW): Der Proof-of-Work, bei dem du einen Hashcash-Algorithmus löst, ist erforderlich, damit du deine Transaktion vom Netzwerk akzeptiert bekommst.

Die Zeit, die für das Erstellen einer Transaktion und das Senden an das Netzwerk benötigt wird, hängt von deiner Hardware und dem Netzwerk ab, in dem du dich befindst, da das Testnetz geringere POW-Anforderungen hat. Wenn du die Sandbox benutzt, sollte es einige Sekunden dauern, im Hauptnetz kann es manchmal einige Minuten dauern.

Sobald die Transaktion erfolgreich gesendet wurde, kannst du auf *index.html* gehen und den Eintrag in deinem Dashboard sehen.

Nachdem du dies ein paar Mal gemacht hast, solltest du eine vollständige Rangliste mit geordneten Nachrichten haben. Du kannst dich auch abmelden und wieder einloggen und wirst immer noch alle Nachrichten und Zahlungen sehen.

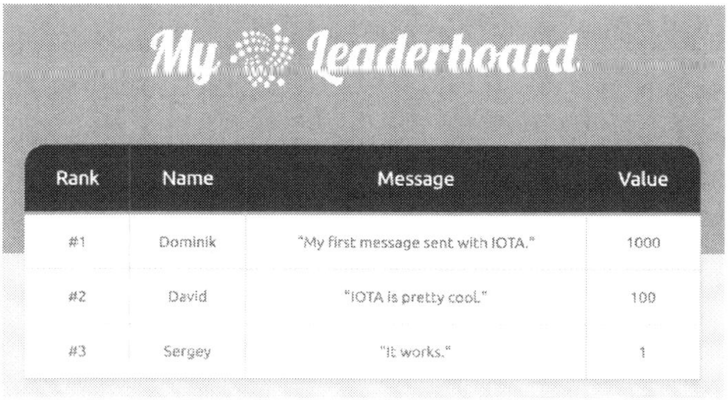

Bild: Wie das Leaderboard aussehen sollte.

2. Im Hintergrund

Nun, da wir einen Überblick über die Anwendung bekommen haben, nehmen wir einen tiefen Einblick in den Code, um zu erklären, was passiert. Wir warden hier nur die wichtigsten Komponenten der Anwendung erläutern.

Die Javascript-Bibliothek

In IOTA gibt es einen Client (z.B. IRI) und eine Client-Bibliothek. Der Client stellt eine Reihe von API-Befehlen zur Verfügung, die Sie durchgeben können. Was uns aber noch interessanter macht, ist die Javascript Library, die uns die Schwerstarbeit wie Signaturen, Bundle-Generierung und nützliche Utility-Funktionen bereits abnimmt. Hier ein Beispiel:

```
// Instanziiere IOTA mit dem Provider
'http://localhost:14265'
var iota = new IOTA({
  'host': 'http://localhost',
```

```
    'port': 14265
});
```

Generierung einer Adresse

Wie bei allem beginnt es mit einem Seed. Wenn du eine Adresse generierst, leiteest du im Grunde genommen einen privaten Schlüssel aus diesem Seed ab, und aus diesem privaten Schlüssel generierst du dann die Adresse. Beim Erzeugen eines privaten Schlüssels beginnst du mit dem Index: 0, durch Erhöhen des Zählers erhältst du einen neuen privaten Schlüssel und damit eine neue Adresse.

```
//Deterministisch erzeugt eine neue Adresse für den Seed mit einer Prüfsumme.

iota.api.getNewAddress( seed, { 'checksum': true }, function( e, address ) {

    when (!e) {

        console.log("Generierte neue Adresse: ", Adresse)

    } else {

        console.log("Etwas ist schief gelaufen: ", e);

    }

})
```

Einer der einzigartigen Aspekte der Javascript-Bibliothek ist, dass es möglich ist, Adressen deterministisch zu generieren. Das bedeutet, dass du den Indexzähler durch "Anhängen" der Adresse an das Tangle deterministisch erhöhen kannst. Das Anhängen einer Adresse an das Tangle ist im Grunde genommen das Senden einer meist leeren Transaktion an die Adresse, so dass sie in deiner lokalen Datenbank gespeichert ist. Auf diese Weise kannst du Sie feststellen, welche Adresse bereits generiert wurde und welche nicht.

Binär zu Trinär - und zurück

Wir haben bereits gesehen, dass sich IOTA auf trinäre Prozessoren konzentriert. Wenn du also Daten im Tangle übertragen oder speichern möchtest, must du diese Bytes zunächst in Trytes konvertieren. Die Javascript-Bibliothek macht diese Konvertierung zwischen Bytes und Trytes für dich mit den Funktionen *toTrytes* und *fromTrytes* sehr einfach. Schaue dir das folgende Beispiel an:

```
//Die Nachricht, die wir mit der Transaktion senden werden

var messageToSend = { 'name': 'Roman', 'message': 'Meine erste
Nachricht mit IOTA.'.

}

// Stringify zu JSON

var messageStringified = JSON.stringify(messageToSend);

// Konvertieren der Zeichenkette in trytes

var messageTrytes = iota.utils.toTrytes(messageStringified);

Konsole.log(messageTrytes)

//ODGABDPCADTCGADBGANBCDADXCBDXCZCGAQAGAADTCGDG
DPCVCTCGADBGAWBMDEAUCXCFDGDHDEAADTCGDGDPCVCTCE
AGDTCBDHDEAKDXCHDWCEASBYBCCKBSAGAQD
```

Der letzte Teil ist der Tryte. Wie du sehen kannst, haben wir gerade die JSON-Daten von binary in trytes konvertiert. Du kannst das mit der Funktion fromTrytes auch wieder zurück konvertieren. Die daraus resultierenden trytes, die dann mit einer Transaktion gesendet werden, sind wieder gleich dem originalen Tryte.

Eine Transaktion durchführen

Wahrscheinlich die Hauptkomponente der gesamten Anwendung ist es, eine Transaktion durchführen. Das Besondere an IOTA ist, dass du tatsächlich Transaktionen durchführen kannst, ohne Token zu besitzen, was für den sicheren Datentransfer und insbesondere für Anwendungen, bei denen du die Datenintegrität sichern und sicherstellen willst unglaublich nützlich ist. Da wir die volle Leistungsfähigkeit von IOTA demonstrieren wollen, werden wir für diesen Teil aber auch einige Token versenden.

Die "*sendTransfer*"-Funktion aus der Javascript-Bibliothek nimmt im Grunde genommen ein Array von Transferobjekten mit Adresse, Wert, Nachricht, und Tag-Feldern, sowie die Tiefe. Die Tiefe bestimmt, wie weit die Tip-Auswahl in das Tangle geht und die *minWeightMagnitude* bestimmt, wie viel Proof of Work als Eingabe gemacht werden muss.

Dann erledigt die Bibliothek die Arbeit für dich: sie sucht nach Eingaben für dich, macht die Tippauswahl, hängt deine Transaktionen an das Tangle an, indem sie den Proof of Work ausführt und sendet die Werte dann an das Tangle. Was diese Funktion dann zurückgibt, ist ein Bundle, d.h. die Menge der Transaktionen, die du gerade in deiner Transaktion gesendet haben. Diese Transaktionsobjekte werden dann mit einem aktualisierten nonce, branchTransaction, trunkTransaction und deinen Signaturen versehen.

```
//Hier definieren wir das Transferobjekt, jeder Eintrag ist eine individuelle Transaktion:

var transfer = [{ 'address': address, 'value': 100, 'message': 'ODGABDPCADTCGADBGANBCDADXCBDXCZCGAQAGAADTCGDGD
PCVCTCGADBGAWBMDEAUCXCFDGDHDEAADTCGDGDPCVCTCEA
GDTCBDHDEAKDXCHDWCEASBYBCCKBSAGAQD' }]

// Wir senden den Transfer von diesem Samen, mit Tiefe 4 und minWeightMagnitude 18.

iota.api.sendTransfer(seed, 4, 18, transfer, function(e, bundle) { if (e) throw e; console.log("Erfolgreich Transaktion ausgeführt: ",
```

```
bundle); })
```

Kapitel 8: IOTA Anwendungsfälle

Wozu kann man IOTA benutzen? IOTAs Stärken sind die folgenden:

- Gebührenfreie Transaktionen
- Netzwerkinterne Kommunkation
- Skalierbare Plattform für eine Vielzahl von Geräten

Das ***Internet der Dinge*** benötigt genau das: eine dezentralisierte Plattform, auf der Geräte untereinander interagieren können. Geräte im Bereich Mobilität, Energie, smarten Städte und Infrastruktur, wie dem Smart Home, haben derzeit keine eigene Plattform, die für diese Maschinenwirtschaft aber sinnvoll wäre.

Hier fügt sich IOTA mit seinen erwähnten Vorteilen gut ein. Konkret gibt es mehrere Themen, in denen es zur Plattform werden könnte. Über alle heutigen Branchen ist die Integrität von Daten ein wichtiges Thema, und hier kann IOTA helfen.
Einige Beispiele sind:

- Teilnehmersteuerung mit Anreizen
- Automatisierte Prüfungen
- Elektronische Abläufe über Geräte hinweg
- Koordination vieler smarter Geräte über Standards hinweg

Wer verwendet IOTA aktuell?

Einer der weltgrößten Hersteller von Computerchips und weltgrößter Innovator, die Robert Bosch GmbH, ist bereits interessiert. Robert Bosch Venture Capital, der Wagniskapitalarm des Konzerns, hat Ende 2017 dazu eine größere Menge an IOTA-Token gekauft. IOTA passt gut mit den Produkten von Bosch zusammen, weswegen es hier gezeigt werden soll.

Bei Bosch sind die drei großen S – *Sensoren*, *Software* und *Servic*e – ein großes Thema. Von rund 20.000 Softwareentwicklern bei Bosch arbeiten ca. 20% ausschließlich an Projekten zum Interrnet der Dinge. Wie könnte Bosch, aber auch andere Firmen konkret IOTA nutzen?

Smarte Städte

Das Geschäft um smarte Städte boomt, und bei Bosch prognostiziert man ein Wachstum von 19 Prozent pro Jahr, wobei der weltweite Markt 2020 ein Volumen von 800 Milliarden US-$ umfassen soll. Die Städte möchten Kosten senken und die Effizienz steigern, aber auch Umweltaspekte und Verkehrsoptimierung spielen eine Rolle.

Die Stadt Las Vegas hat zum Beispiel bekanntgegeben, dass sie rund 500 Millionen US-$ in den nächsten Jahren in smarte Infrastruktur investieren wird. Ein ganzer Stadtteil im Zentrum wurde zum „Innovation District" gekürt. Verkehrsoptimierung anhand Echtzeit-Verkehrsdaten und die Einrichtung eines „Vehicle-to-Infrastructure"-Systems sollen autonomen Fahrzeugen einiges erleichertn. Aktuell wird ein fahrerloser Bus getestet, der Echtzeit-Verkehrssignale erhält und daran seine Geschwindigkeit orientiert.

In der Gegend um San Francisco gab es ein Beacon-Projekt, welches seit seinem Start rund 8 Millionen US-$ gespart hat, indem es 5.000 smarte Lichter einsetzte. Beacons sind eine Art smarte „Funkbaken", die per Bluetooth-Standard angesprochen werden können, sodass Licht nachts nur selektiv angeschaltet wird.

Bei Bosch geht man davon aus, dass „Bosch Sensoren sind die Augen und Ohren der verbundenen Stadt. In diesem Fall ist ihr Gehirn unsere Software." (Mike Mansuetti, Präsident Bosch Nord Amerika).

Klimaüberwachung

Luftqualität, Feuchtigkeit und Pollenkonzentration können gemessen werden, damit mögliche Maßnahmen ergriffen werden können. Das Produkt dazu, der sogenannte Climo, ist bereits einsatzfähig und hat den CES Innovationspreis für 2018 gewonnen. Der Climo kann an Ampeln oder ähnlichen Plätzen aufgebaut werden und ist billiger als bisherige Lösungen.

Die gesammelten Informationen können in Echtzeit zur Optimierung der Luftqualität angewandt werden um beispielsweise eine Umlenkung des Verkehrs zu empfehlen. Wenn nun genügend solcher Sensoren verteilt wären, könnten sie über IOTA kommunizieren.

Ein ähnliches Projekt namens Airbox ist bereits in Taipeh, Taiwan am Start und wird verwendet, um in 150 Schulen und anderen Plätzen die Luftqualität zu dokumentieren. Das Gerät versendet seine Daten über das Tangle und soll in Zukunft Zahlungsmöglichkeiten zur Anreizsetzung bieten. Weitere, ähnliche Gerätetypen sind beispielsweise Frühwarnssysteme vor Fluten, die auch SMS als Warnung versenden können.

Weiterhin könnten Privatleute diese Geräte aufstellen und ihre Daten an den IOTA Datenmarktplatz senden und Echtzeitinformation bereitstellen. Auch bei einer Großzahl von Climo-Geräten würden die Stärken des Netzwerks, die Skalierbarkeit und die Geschwindigkeit, zum Tragen kommen.

Das IOTA-Netzwerk wäre das Bindeglied zwischen allen Sensoren. Das IOTA-Tangle wäre die Ebene, auf der alle diese Informationen ausgetauscht werden. Stelle dir vor, Hunderte von Climos in Las Vegas senden ihre Daten jede Sekunde an den IOTA-Marktplatz als Echtzeitinformationen. Er wird später in diesem Kapitel vorgestellt Eine ausgeklügelte Blockchain könnte in der Lage sein, dies zu bewältigen, und eine solche Blockchain könnte auch einen Marktplatz steuern.

Aber was wäre, wenn Hunderttausende von Einwohnern die Technologie für ihr eigenes Dach kaufen, weil sie gutes Geld verdienen wollen, indem sie die Daten an die F&E-Niederlassungen von luftqualitätsverbessernden Unternehmen verkaufen?

Das wären Hunderte von Climos und Privatpersonen, die ihre Daten jede Sekunde über ein öffentliches Ledger senden. Und deshalb ist IOTA notwendig: weil es die Geschwindigkeit, die Skalierbarkeit und die Transaktionsgebühren bietet.

Die Erhebung von Daten über die Luftqualität kann sowohl von Unternehmen, Gemeinden als auch von Einzelpersonen problemlos durchgeführt werden. Der Anreiz besteht darin, diese Daten auf einem Marktplatz zu verkaufen, der wiederum von Unternehmen genutzt werden kann, um Produkte zu entwickeln, die die Luftqualität wieder verbessern. Es ist eine Win-Win-Situation.

Stream-Zahlungen – Auto parken:

Ein weiteres Beispiel sind Stream-Zahlungen für Parkplätze je Nutzungszeit. Wenn man ein Auto in einer smarten Stadt parkt, kann der Parkplatz von Anfang an die Bezahlung per Stream einziehen. Ob die Bezahlung mit normalem Geld oder beispielsweise über IOTA läuft, ist irrelevant. Bei IOTA kann allerdings die Zahlung garantiert werden, da auch Minimalmengen gezahlt werden können. Das ist bei Kredit- und Debitkarten anders. Somit kann mit IOTA auch eine Mikrozahlung garantiert werden.

Gleichzeitig kann auch die **Parkplatzsuche** optimiert werden. Bei Bosch hat man dafür eine Lösung gefunden: Autos können Parkplätze mit Sensoren erkennen und alle verbundene Hardware erhält diese Information in Echtzeit. Sie werden so effizient zu Parkplätzen gelotst.

Es gibt bereits dazu viele Daten: Autosensoren erkennen potenzielle Parkplätze, und selbstfahrende Autos bauen auf den Daten auf. So könnte viel Zeit gespart werden. Auch wenn dieses Problem immer noch sehr futuristisch klingt, sind bereit 1,5 Millionen Fahrzeuge in den USAS mit entsprechenden Sensoren ausgerüstet und ein Versuchstest in 20 Städten in den Vereinigten

Staaten beginnt 2018. Für diese Fälle wurde IOTA entwickelt. Auch Situation wie eine Parkplatzreservierung oder eine Miete lassen sich über das Bezahlsystem abdecken. IOTA hat dazu bereits das XDK eingeführt, ein Entwickler-Kit, mit dem Daten gesammelt werden können. IOTA möchte so zum Standard-Protokoll in der IoT-Industrie werden, um Daten zu senden und zu verarbeiten.

Energie teilen

Das Thema Smarte Stadt kommt meistens auch mit dem Thema „Smart Grid", also dem Stromnetz. Mit einem Protokoll wie IOTA als Abwicklungsledger könnten Nachbarn beispielsweise an eine private Solarstation angebunden werden und entsprechend ihrer Nutzung zahlen.

Strom zu teilen oder zu verkaufen würde sich außerdem bei weiteren Anwendungsfällen anbieten, beispielsweise bei Elektroautos oder Dronen, die sich automatisch andocken könnten und so laden könnten.

Digitale Ausweise

Ein weiteres Kapitel in großen Städten ist das Thema ID-Karten. Die Taiwanesische Hauptstadt Taipeh testet gerade, ob sie für ihre Bürger auf dem Tangle Ausweise erstellt. Der IT-Leiter Wei-Bin Lee bestätigte, dass Taipeh im Rahmen des Projekts „**Digital Citizen Card**" einen Proof-of-Concept erstellt. Nutzer sollen so vor einem Identitätsdiebstahl bewahrt werden, und der digitale Ausweis soll zu einer Plattform werden. Auch der Datenaustausch innerhalb der Behörden soll so vereinfacht werden.

Andere Beispiele: Amazon

Der Handelsriese Amazon sucht wohl in seiner Größe und Macht seinesgleichen: daher ist eine Entscheidung Amazons, in Dinge einzusteigen, eine fast unvergleichliche Wendung. Kürzlich hat die ehemalige Betriebsleiterin von IBM, und jetztige Leiterin des

Internets der Dinge bei Amazon, ***Joanna Peña-Bickley***, mehrere Tweets über IOTA öffentlich abgesetzt. Dabei ging es um eine Diskussion, die von einigen Forschern am MIT angeheit wurde, die IOTA als unsicher bezeichneten. Bickley unterstützte dabei IOTA und sagte, dass IOTA bei Amazon betrachtet wird.

Fahrzeughersteller

VW und Bosch arbeiten sehr intensiv zusammen im Bereich der Fahrzeugtechnologie. Ein großes Thema im Fahrzeugbau ist aktuell selbstfahrende Autos. Mit dem Ziel, die Sicherheit im Verkehr zu erhöhen, möchte VW ab 2019 Fahrzeuge einführen, die untereinander kommunizieren. Dazu werden Autos mit der sogenannten pWLAN Technologie ausgestattet. Informationen zu Verkehrsrisiken werden so kurzfristig schnell verteilt werden können, und andere Fahrer gewarnt werden.

Die Verknüpfbarkeit zwischen unterschiedlichen Autos und der Transportinfrastruktur in ihrer Nähe (bis zu 500 Meter) wird dann ein weiterer Schritt, um Unfälle zu reduzieren.

Die pWLAN-Technologie basiert auf dem IEEE 802.11p (pWLAN) Standard, der von der Automobilindustrie standardisiert wurde und für direkte, nicht-proprietäre Kommunikation zwischen Fahrzugen und Transportinfrastruktur ausgelegt wurde. Somit kann das Auto im übertragenen Sinne „um die Ecke" sehen! Das Frequenzband, welches verwendet wurde, ist bereits für Straßensicherheit und Verkehrseffizienz vorgesehen. Durch die lokale Natur der Daten, die über dieses Frequenzband getauscht werden, werden keine Daten gespeichert, und es gibt keine Kommunikationskosten.

Volkswagen möchte diesen Standard als Zusatzoption zur Konnektivität anbieten, um die Verkehrssicherheit zu erhöhen. Dazu muss die Technologie konsistent und auch von anderen Herstellern durchgängig genutzt werden. Zunächst sollten Verkehrswarnungen verbreitet werden und die anderen

Verkehrsteilnehmer gewarnt werden. Die Behörden und Ministerien, mit denen VW kooperiert arbeiten an weiteren Projekten, um die Geschwindigkeit des Datenaustauschs und den Datenschutz zu optimieren. In Zukunft könnten auch Einsatzfahrzeuge sich so ankündigen, ohne auch nur die Sirene zu verwenden. Auch die Enden von Lastwägen sollen damit ausgerüstet werden. Der VW Zulieferer Innogy benutzt dabei den „IOTA-Carpass“, und die Produkte von Innogy werden in den pWLAN-Fahrzeugen verbaut. Diese Kette wurde von Innogy-Experte Carsten Stöcker auf Twitter bestätigt, sodass VW hier auf IOTA sctzt.

Transportbranche

Bereits die Blockchain ist bereits in der Frachtbranche im Kommen, weil sie für Anwendungsfälle wie die Rückverfolgung von Produkten sehr gut geeignet ist. Im Frachtbereich wurde sehr viel mit Papier gearbeitet, um zu beweisen, dass eine Lieferung stattgefunden hatte. Neben dem Umweltaspekt sind Dokumentierung, Zahlung, und Zeitverzögerung Schwächen einer papierlastigen Lieferkette.

Dazu hatte das IOTA-Team das Projekt CargoChain vorgestellt, bei dem sie in Shanghai gezeigt hatten, wie man mit IOTA solche Fälle abbildet. Aktuell sind diese Industrien noch sehr papierlastig unterwegs, weswegen es tatsächlich hohes Steigerungspotenzial gibt.

Die Finanzindustrie

Abseits von den klassischen IoT-Anwendungsfällen wird IOTA auch in anderen Industrien getestet, darunter der Finanzindustrie. Der Experte Oliver Bussmann meinte Ende 2017 beispielsweise, dass die IOTA Stiftung in ernsthaften Gesprächen mit einigen Zentralbanken sei, um eine E-Währung einzuführen. Dies wurde auch vom Stiftungsmitglied Per Lind bestätigt.

Datenstrom und Sensoren:

Um Daten zur Auswertung des Laufverhaltens zu erhalten statten Schuhhersteller Schuhe mit Sensoren aus. Um möglichst echte Daten zu bekommen, bietet es sich an, über den IOTA Data Marketplace die Daten bei einer neutralen Zielgruppe einzukaufen. So kann eine möglichst repräsentative Studie erstellt werden.

Die Daten kommen aus den jeweiligen Wallets und werden in Echtzeit hochgeladen, somit kann sichergestellt werden, dass die Daten vom richtigen Sender kommen und nicht verändert sind. Die Läufer können ihre Daten auf dem Marktplatz dazu anbieten, und so bezahlt werden.

Daten können für alles verwendet werden, und die Zahlungen können sich auch im Mikrobereich belaufen. Im Internet der Dinge, in dem eine Vielzahl an Geräte aktiv ist, können diese Kleinstmengen zu großen Summen werden.

Während andere Kryptowährungen und Plattformen auf den Währungsaspekt abzielen, ist der Datenaustausch ein Aspekt, der nur bei IOTA berücksichtigt wird.

In Zukunft werden noch mehr Produkte web-fähig sein, was bedeutet, dass große Mengen an Daten im Umlauf sein werden. Die Skalierbarkeit von IOTA und seine Geschwindigkeit ermöglichen es, ein Grundgerüst für diese Transaktionen zu bauen. Mit einer IOTA Infrastruktur könnten diese Dinge gebaut werden.

Weitere Anwendungsfälle

Es sind viele Informationen, die verwendet werden können, wenn sie in Echtzeit verarbeitet werden, um Leuten zu helfen, ein besseres/kleineres oder anderweitig verbessertes Leben zu führen. Wir haben hier nur einige Ideen aufgeführt, wie die Technologie helfen kann, und jeder dieser Anwendungsfälle wäre mit dem IOTA-Tangle als Basislayer perfekt machbar. Bereits erwähnt wurde dazu die Integration mit den Echt-Daten. Diese setzt eine

Schnittstelle voraus, die IOTA in der XDK realisiert hat.

XDK

Die XDK ist ein kleines Entwicklerkit, das verschiedene Daten (z.B. von Maschinen) zur späteren Analyse sammelt:

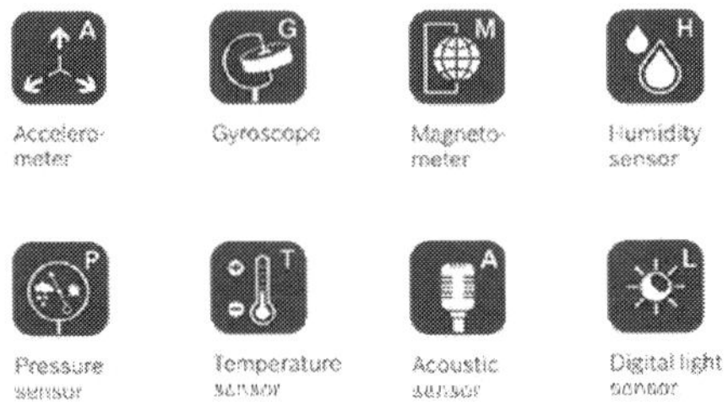

Bild: die IOTA Internet of Things XDK

Dominik Schiener, Mitbegründer von IOTA, stellt vor, wie die Technologie von IOTA mit diesem Kit funktioniert:

"Bosch ist anscheinend wirklich an den Fähigkeiten von IOTA interessiert und diese Ideen werden verwirklicht. Natürlich ist Bosch nicht das einzige Unternehmen, das dies tut. Und da es viele andere gibt, die versuchen, Geld zu verdienen, diese Art von Technologie in unzähligen Branchen zu etablieren: Doch weder die Verbraucher noch die Unternehmen wollen für jede Branche eine andere Lösung."

Stelle dir verschiedene Standards unter den Fernsehern vor und jeder Produzent müsste unterschiedliche Regeln für verschiedene Standards befolgen; wir hatten dieses Problem einmal zwischen BluRay und HD-DVD; es konnte nur einen geben. Die Frage bleibt: Was wird das Standardprotokoll in IoT und Industrie 4.0 sein, um all diese Daten zu übertragen und zu verarbeiten? Es gibt nur einen Kandidaten, der alles bietet, was nötig ist:

- Geschwindigkeit für Echtzeit-Transaktionen
- Skalierbarkeit für die Abwicklung von Millionen und Milliarden von Transaktionen
- Keine Kosten, um es so attraktiv wie möglich zu gestalten.

- Die notwendigen Verbindungen zu den Branchen, Partnerschaften, und Kooperationen.

Fazit

Das Internet der Dinge wird die Dinge ändern – IOTA ist dabei. IOTA ist dazu da, einen Anwedungsfall der echten Welt zu ermöglichen, und eine neue Phase der Entwicklung anzustoßen: die vierte industrielle Revolution. Diese wird in vielen Branchen disruptiv sein, da sie Automatisierung und Onlinetechnologien kombiniert. Nur die innovativsten werden in diesem Markt überleben, denn es werden ganz neue Anbieter auftreten, da die Grenzen sich immer mehr reduzieren.

Kapitel 9: Häufig gestellte Fragen

Zentralisiert, dezentralisiert oder verteilt?

Worin liegt der Unterschied zwischen diesen drei Begriffen? Die drei Varianten sehen wie folgt aus:

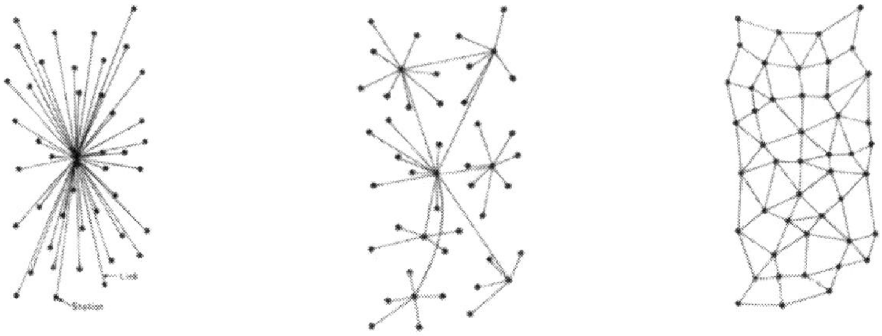

Zentralisiert Dezentralisiert Verteilt

Warum machen Begriffe wie „dezentralisiert“ oder „verteilt“ mittlerweile so die Runde? Es gibt einige Unterschiede:

- Schwächepunkte und Betrieb: Zentralisierte Systeme sind gut zu betreiben, soland es nur einen einizgen Schwächepunkt gibt. Dezentralisierte Systeme haben mehrere Punkte, und verteilte System sind eigentlich am besten. Bauen alle Systeme aber auf einem gemeinsamen Protokoll auf, welches bestimmte harte Regeln umfasst – so wie Bitcoin oder IOTA – dann sind verteilte Systeme ohne Schwächepunkte.
- Fehlertoleranz und Stabilität: zentralisierte Systeme können sehr unstabil sein, denn sobald der Zentralrechner ausfällt, ist das System weg. Bei denzentralisierten Systemen kann man nur noch einzelne Knoten lahmlegen, bei verteilten Systemen hingegen nur einzelne Nutzer. Sie sind daher die stabilsten.
- Skalierbarkeit / maximale Nutzerzahl: Zentralisierte Systeme sind häufig schwierig zu skalieren, verteilte Systeme skalieren am besten, da die Nutzer sie selber

betreiben.

- Entwicklung und Verteilung: Zentralisierte Systeme können einfach und schnell erstellt werden, da auf bestehenden Rahmenwerken aufgebaut werden kann. Bei dezentralisierten und verteilten Systemen müssen die untersten Ebenen einfach erreichbar sein, damit Ressourcen geändert werden können.
- Evolution: Verteilte Systeme folgen einem einzelnen Rahmenwerk, also entwickeln sie sich langsam. Bei dezentralisierten und verteilten Systemen ist die Evolution viel stärker sobald sie etabliert sind.

Wir sehen also, dass eine skalierte langfristige Lösung immer auch verteilt sein sollte. Diese Methode ist zwar die anspruchsvollste zu entwickeln, aber auch die sinnvollste. Bei verteilten Systemen können alle einzelnen Nutzer am besten eingebunden werden.

Ist ein Double-spend bei IOTA möglich?

Diese Annahme besagt, dass IOTA zum Nutzen einer einzelnen Person oder einer bösartig handelnden Hackergruppe manipuliert werden kann. Die Frage ist: *Ist IOTA sicher in der Anwendung?* Zunächst möchte ich aber eine andere Frage stellen:

Gibt es auf der Welt eine Währung, ein Vermögen, ein System, ein Gut, ein Stück Material, das nicht missbraucht oder in irgendeiner Weise manipuliert werden kann?

Wir leben in einer Welt, in der die Weltwirtschaft auf die Entscheidung der Federal Reserve angewiesen ist, den Leitzins nicht zu ihrem Vorteil zu ändern, sonst können die Folgen für jeden auf der Welt schädlich sein. Zentral koordinierte Institute drucken buchstäblich Geld nach Belieben und ändern die wichtigsten Merkmale seines Wertes.

Ein Horror für Freunde der Blockchain und verteilter

Technologien. Es gibt auch Betrugsmöglichkeiten für Dritte, die nicht unter dem direkten Schutz dieser Zentralinstitute stehen, denn ein Bankraub kann überall, jederzeit und niemand kann verhindern, dass sich das in Zukunft wiederholt. Statistisch gesehen ist es ziemlich sicher, dass noch heute, irgendwo auf der Welt, eine Bank ins Visier genommen wird.

Darüber hinaus kann Fiat-Geld kopiert werden und in jeder einzelnen Stadt gibt es Falschgeld. IOTA als verteiltes Ledger setzt auch auf Synchronität, den Proof-of-Work zur Bestätigung von Transaktionen, Peer-to-Peer, und ein vollständig dezentrales und später auch verteiltes Netzwerk.

Es zielt auf das Internet der Dinge, das im Vergleich zum Internet einige relevante Unterschiede in der Netzwerktopologie aufweist. Ersteres verfügt über Mesh-Netzfähigkeiten, die einige natürliche Verbindungsbarrieren und viele verschiedene Verbindungstypen übernehmen.

Diese Verbindungen können Bluetooth, Radio, GPS-Verbindung, 5G, TCP, FTP oder HTTP sein. Aufbauend auf einem gerichteten azyklischen Diagramm, dem Tangle, hat IOTA noch einige weitere Unterschiede zu Blockketten und deren Anwendungsbereich.

Es gibt keinen Abbau, keine Schwierigkeiten, keine Blöcke, keine permanente Hash-Rate, keinen entkoppelten Konsens. Der Konsens liegt allein bei den Nutzern, die zwei weitere Transaktionen genehmigen müssen, bevor sie eine senden können. Um einen Knoten einzurichten, verlangt das System, dass du nach Nachbarknoten über gegenseitige Vernetzung suchst.

Menschen, die den Vorteil sehen, einen vollständigen Knoten anstelle eines Lichtknotens einzurichten, sind daher an die gegenseitige Vernetzung gebunden. Sie müssen manuell nach IPs der Nachbarn suchen, um Teil des Netzwerks zu werden.

Was ist ein Double-Spend?

Ein Doublespend ist ein erfolgreicher Versuch, das Rennen zu gewinnen, um eine Transaktion zu bestätigen, die den gleichen Saldo verwendet, der dem ursprünglichen Empfänger versprochen wurde, aber auch an einen zweiten Empfänger gesendet wird, um den ehemaligen zu betrügen.

Dabei tust du so, als würdest du eine Transaktion abschließen, und sie wird in deinem Wallet als bestätigt angezeigt, aber mit der Zeit und dem Wettlauf um mehr Gewicht wird die Transaktion ungültig, zugunsten der zweiten Transaktion, die du gleichzeitig durchgeführt hast.

Das bedeutet, dass du den Gegenwert für deine iotas dieser Double-Spend-Transaktion handeln und erhalten kannst, aber nach kurzer Zeit besitzet du beide: dein eigenes Kapital ist zurück und zusätzlich das gehandelte IOTA des anderen. Dies würde auch bedeuten, dass IOTA nicht funktioniert, die Menschen hatten nie eine 100%ige Garantie, dass sie im Besitz ihrer Gelder oder der gehandelten Vermögenswerte sind, die sie für iotas gegeben haben.

Und als Ergebnis davon: IOTA würde sicherlich an Wert verlieren, Menschen und Unternehmen würden das Vertrauen verlieren und am Ende würde IOTA sicherlich unter einem dauerhaft zerstörten Ruf leiden. Dieser Angriff könnte auf den gemeinsamen Märkten genutzt werden, um IOTA zu verkürzen und eine große Verdoppelung durchzuführen, um einen großen Gewinn aus der Reaktion der Märkte zu ziehen.

Welche Bedingungen müssen erfüllt sein, um ein erfolgreiches Doublespending zu versuchen?

- Eine “Allgegenwart” im Tangle mit “schlechten” Knoten, gebildet als Sub-Tangle oder Parasiten-Tangle.
- Deine Transaktionen müssen von diesen anderen Knoten bestätigt oder referenziert werden. Das zugenommene Gewicht steht im Wettbewerb mit dem älteren Gewicht im Hauptnetz.

- Irgendwann muss diese parasitäre Kette wieder mit dem Hauptwirrwarr synchronisiert werden, um deine Bestätigung zu bestätigen.

Daher benötigen deine Transaktionen mehr Gewicht als Transaktionen von bereits bestätigten Transaktionen im Haupt-Tangle. Dieser Angriff muss sehr schnell durchgeführt werden.

Wie kann man diese Bedingungen erreichen?

Gegenseitige Bindung: Das kann nur funktionieren, wenn du einen vollständigen Knoten besitzt und eine beträchtliche Anzahl von Nachbarn manuell mit gegenseitiger Vernetzung findest. Allgegenwärtigkeit mit gegenseitiger Vernetzung ist aber fast unmöglich.

Du must dazu die Transaktion, die du manipulieren möchtest, rechtzeitig finden, bevor sie vom Hauptnetz bestätigt wird, wenn du nach einer bestimmten Transaktion suchst. Selbst mit dem Tangle-Explorer müssen du deinen Versuch in wenigen Sekunden ausführen, bevor er bestätigt wird. Da IOTA immer schneller wird, je mehr Benutzer es nutzen, nehmen die Bestätigungszeiten von wenigen Minuten bis heute immer weiter ab.

Du must dich mit der Netzwerktopologie, dem Mesh-Netzwerk, auseinandersetzen: Ein erfolgreicher Angriff jeglicher Art muss die natürlichen Barrieren verschiedener Verbindungen und Verbindungsarten überwinden.

Das führt zu einer unbekannten Variablen; du kannst deine Variable t nicht berechnen, solange du nicht jede Verbindung, Latenz, Verzögerung und Bandbreite kennst. Da Zeit bei einem Rassenangriff von entscheidender Bedeutung ist, hast du einen Faktor x in deinem Angriffsvektor.

Um das Gewicht deiner Transaktion zu erhöhen, must du dann einen Proof-of-Work (POW) erbringen. Selbst wenn du Hunderte von Rechnern hast, braucht das Zeit und kostet Geld. PoW beim

Versuch, ein (zeitsensibles) Gewichtsrennen zu gewinnen, ist nicht die beste Bedingung von Anfang an.

Der wichtigste Schritt zum Verständnis all dessen ist die IOTA Mesh-Netz-Topologie. Sie unterscheidet sich stark von allen anderen Blockchain-Protokollen. Gegenseitige Vernetzung und die Zukunft der IoT-Konnektivität sind die Faktoren, die IOTA zu einem Mesh-Netzwerk machen, das einige sehr wichtige Auswirkungen auf die Netzwerksicherheit hat, von denen das Wichtigste ist, wie diese Topologie die Widerstandsfähigkeit des Netzwerks gegenüber dem 34%igen Angriff stärkt. Ein 34-%iger Angriff ist die hypothetisch ausreichende Menge, um ein Netzwerk zu kapern, wobei 34% der derzeitigen Hashrate ausreicht.

IOTA-Netz: Jeder volle Knoten sieht nur einen winzigen Teil des Tangle - durch seine Nachbarn hinweg. *Niemand* hat eine Liste aller IPs aller Knoten.

Nun, lasse uns den 34%igen Angriff auf IOTA simulieren. Da Blockchains nicht in Netzen liegen, bedeutet der 34%ige Angriff in Blockchains nur, dass du den Angriff erfolgreich durchführen kannst, wenn du genügend Hash-Power hältst. Der Prozentsatz der Netzwerk-Hash-Rate ist die **einzige Variable** im 34% Angriff auf eine Blockchain. In IOTA gibt es jedoch **drei Variablen**, die für diesen Angriff benötigt werden.

1. Faktor: X Prozentsatz der Netzwerk-Hash-Rate

Dieser Prozentsatz X ist ein ausreichend großer Teil der Netzwerk-Hashing-Rate ("X%", was eine beliebige Zahl sein kann). Genau wie bei Bitcoin müsste der Angreifer eine gewisse sehr große Menge an Netzwerk-Hashing-Power erreichen, um das Netzwerk zu übernehmen. Aber dies ist nicht die einzige Variable in IOTA, und es gibt auch keine “Alles-oder-Nichts”-Netzwerkübernahme in IOTA. Kurz gesagt, 34%-Angriffe nehmen nur Schichten des Tangle ein, was einen exponentiell stärkeren dreifachen variablen Angriff erfordert, um sich immer tiefer in das Tangle zu verbreiten.

2. Faktor: Omnipräsenz

Man muss die gesamte Netzwerktopologie auf einen Blick sehen und einen Überblick über das Netzwerk haben. Um Angriffsressourcen richtig und effizient einzusetzen, müsste sich ein Angriff einen umfassenden Überblick über jede vollständige Knotenverbindung im Tangle verschaffen. Dies ist natürlich unmöglich, da jede Verbindung privat gehalten wird und niemand in der Lage ist, das Netzwerk abzubilden.

3. Faktor: Y Prozentsatz in hoher Geschwindigkeit

Gepaart mit eincm bestimmten **Y% aller vollen Knoten** im Netzwerk oder benachbart zu einem ausreichend großen Teil des Netzwerks: Der Angreifer muss in der Lage sein, seine massive Menge an Hashing-Power (**X% der Hash-Power des Netzwerks**) plötzlich durch das Tangle zu bringen. Ein nicht plötzlicher Angriff ist kein Angriff, also ist die Plötzlichkeit eine Unterkategorie dieser dritten Anforderung.

Zum Beispiel: Ein Angreifer benötigt **X% der Netzwerk-Hashing-Rate** und ist mit **Y% aller Nachbarn im Tangle** gepaart. Es wäre sehr hilfreich, einen Überblick über jede Verbindung im Netzwerk zu haben, um die Angriffsausbreitung des Angreifers zu optimieren, aber das ist unmöglich, sodass man sie fortan ignorieren kann.

Nehmen wir an, dass X = 25% und Y = 15%: Der Angreifer würde eine kleine Anzahl von "Randknoten", also die Knoten, mit denen der Angreifer verbunden ist, aus dem Verkehr nehmen. Hier kommt das Konzept des „Gradienten“ ins Spiel. Die Kombination von X und Y bestimmt, wie viel Prozent der Kantenknoten im Angriff abgebaut werden und damit die Effektivität des Angriffs. X kann 99% betragen, aber ohne ausreichendes Y kann der Angriff nur einen sehr kleinen Prozentsatz der Kantenknoten um Y% senken. Die Kantenknoten und Knoten, die einige dieser Kantenknoten umgeben, würden mit dem Angriff und Neustart überfordert sein oder den Angreifer einfach auf die schwarze Liste setzen, damit seine Knoten wieder funktionsfähig werden können. Die geringe Latenzzeit eines Mesh-Netzes bedeutet, dass cs einen Angriffsgradienten gibt, der von X und Y abhängt.

Nehmen wir nun an, dass der Angreifer seinen Angriff tiefer in das Tangle hinein propagieren will, wobei X = 40% und Y = 20%: Der Angreifer würde viel mehr Randknoten stürzen und in der Lage sein, den Angriff tiefer zu propagieren als im ersten Beispiel oben.

Je größer und besser die X- und Y-Kombination, desto tiefer kann der Angreifer den Angriff in das Tangle ausbreiten. Dies würde theoretisch eine exponentielle Zunahme sowohl der Hash-Power als auch der Nachbarsuche und -pflege erfordern, um eine marginale Zunahme der Tangle-Angriffstiefe zu erreichen, was die Tangle-Größenordnungen widerstandsfähiger gegen solche Angriffe macht als die nicht-mesh Netzwerktopologie-Blockchains.

Fragen zum Einsatz von IOTA - Fehlermeldungen

- **„Tangle not solid“**

Wer diese Fehlermeldung erhält, während er IOTA senden will oder Addressen generieren will, hat sein Tangle nicht komplett synchronisiert. Wenn die App gerade erst installiert wurde, muss man etwas warten bis das Netzwerk sich synchronisiert hat. Um den Status zu prüfen, kann man in der Statusleiste einige Informationen sehen: xx / yyyy (zz).

Wie lange sollte eine Transaktion dauern?

Beim Ausführen einer Transaktion muss im Tangle-Netzwerk vom Rechner ein sogenannter Proof-of-Work erbracht werden, was bedeutet, dass die Rechendauer auch vom Prozessor abhängt. Man kann grob zwischen 1 – 25 Minuten erwarten.

Wie lange braucht es um eine Adresse zu erstellen?

Die Adressengenerierung wird sofort ausgeführt, aber um die Adresse im Tangle zu speichern muss wieder ein gewisser Proof-of-work erbracht werden, der abhängig von der CPU bis zu 15 Minuten dauern kann.

Kann man Adressen wiederverwenden?

Adressen können jederzeit zum empfangen verwendet werden, solange sie nicht zum Senden verwendet wurden. Das bedeutet, sobald eine Transaktionen mit einer spezifischen Adresse ausgeführt wurde, sollte diese Adresse nicht mehr verwendet werden. Da IOTA als Verschlüsselungsmethode die sogenannten Winternitz Einmal Signaturen verwendet, kann die Verschlüsselung nach mehrmaliger Verwendung bereits gefährdet sein.

Wie lange und komplex sollte der Seed sein?

Um sicherzustellen, dass das Konto maximale sicher ist, sollte der Seed komplex sein – idealerweise eine Zufallskombination aus 81 Buchstaben in Großschrift und der Zahl 9.

Abkürzungen im Bereich Kryptowährungen

Wer sich zu Kryptowährungen wie IOTA einliest, wird zwangsläufig auf die häufig verwendeten Abkürzungen stoßen, die teilweise sehr anders klingen. Sie sind fast ausnahmslos auf Englisch - Was bedeuten sie?

Altcoins: Damit warden Alternative Kryptowährungen bezeichnet, die noch nicht so bekannt sind (Dogecoin, EOS, Monero…)

ASHDRAKED: Eine Situation, in der man seinen gesamten Einsatz verloren hat!

ATH = All Time High

Bag Holder = Ein Person, die Kryptowährungen mit der Hoffnung auf zukünstige Gewinne kauft.

Bear/Bearish = Preisrückgang

BTFD = Buy The ******* Dip (Kauf den verdammten Absturz… was bei Flash-Crashs manchmal eine gute Idee ist)

Bull/Bullish = Preisanstieg

Dump = Ausverkauf einer Kryptowährung

Fiat = Herkömmliche Währungen

FOMO = Fear Of Missing Out (Alle steigen ein, weil sie dabei sein wollen)

Fork = eine Trennung der Kryptowährung in zwei Varianten, die getrennt entwickelt warden

FUD = Fear Uncertainty & Doubt

HODL = Eine Position halten

JOMO = Joy Of Missing Out (Nicht dabei sein)

Long: Margin bull position

MCAP = Market Capitalization

Moon = Andauernder Preisanstieg

Short = Margenhändler, die auf sinkende Preis setzen

Swing = Es geht hoch und runter (schwingt)

Reverse Indicator: Solche Leute sagen etwas voraus, und das genause Gegenteil tritt ein.

RSI = Relative Strength Index (relative Stärke)

Whale = Großer Marktteilnehmer

Kapitel 10: Meilensteine und die Zukunft

Die Meilensteine der Entwicklung

Wie wird sich IOTA weiterentwickeln? Zunächst einmal lässt sich sagen, dass durch die relative Neuigkeit des ganzen Systems sich noch viel tun wird. IOTA und seine Gründer sind noch sehr jung. Dennoch hat IOTA bereits explosives Wachstum erfahren und die Nachfrage für IOTA – vor allem von Seiten der Gerätehersteller – ist tatsächlich sehr stark. Die Stiftung erhält viele Anfragen von Firmen, Gemeinnützigen Organisationen, und aus der Forschung, die das Tangle ausprobieren wollen.

Vor allem, seit die Limits der Blockchain sich mehr herumsprechen, steigt das Interesse an alternativen Lösungen, und das Tangle ist eine solche. IOTA hat alleine deswegen das Potenzial, das verteilte Hauptbuch des Internets der Dinge zu werden. Dennoch ist noch viel zu tun, und ich möchte einige Dinge erwähnen, die in der nächsten Zeit zu erwarten sind:

Entwicklung

Die Entwicklung rund um IOTA wird sich deutlich beschleunigen, da mehr Entwickler eingestellt werden. Neue Clients werden bereits im Frühjahr 2018 kommen, andere Optimierungen werden später in 2018 kommen. Zwischenzeitlich wird es mehrere Hackathons geben, um auch andere für IOTA zu begeistern.

Neue Büros

Die IOTA Stiftung wird sich international präsentieren, und dazu weltweit Leute einstellen. Zusätzlich zu den Büros in Oslos, Berlin und Chicago werden weitere in Europa eröffnet werden, aber auch in Asien. Hier wird bereits Anfang 2018 ein Büro in Singepur eröffnet.

Neue Börsen

Da die Tangle-Technologie doch etwas anders ist als herkömmliche Blockchain-Anwendungen, dauert ihre Integration in eine Börse oftmals etwas länger als bei den Blockchains. Auch kommt aktuell das Thema Regulierung auf. Dennoch werden mehrere Börsen in 2018 IOTA ins Angebot aufnehmen und so den Markt stützen.

Rund ims Internet der Dinge

Das Nummer Eins-Projekt ist die Annahme IOTAs in der echten Welt: dazu müssen Anwendungsfälle verwirklicht werden und aus Demonstratoren Produkte werden. Ein vielseitiges und einfach bedienbares Ökosystem ist dazu notwendig, und Anschlussmöglichkeiten in mehreren Programmiersprachen. Aktuell arbeitet die Stiftung an den folgenden Dingen:

- **Java**

Die IOTA Referenz-Implementierung (IRI) ist in Java geschrieben. Es wurde bereits mit mehreren wesentlichen Verbesserungen im Jahr 2017 daran gearbeitet, und diese Arbeiten werden fortgesetzt. Eine stabile IOTA-Implementierung in Java ist sehr wichtig.

- **C++**

Ebenfalls von hoher Bedeutung ist C++, da IRI darauf portiert werden soll, zumindest der Kern. Anders als Java muss bei C++ keine virtuelle Maschine installiert sein, um Code auszuführen, und der Maschinencode wird in Echtzeit erstellt, was C++ deutlich attraktiver für IoT-Geräte macht, die den Stromverbrauch optimieren.

- **Rust**

Als eine der vielversprechendsten agilen Spachen, die für das Internet der Dinge wegen ihrer Sicherheit vorgesehen ist, ist Rust für IOTA eine gute Idee. Zusammen mit C++ wird Rust von der

Stiftung aktuell gefördert.

- **Go**

Go, eine Sprache die auch bei Ethereum zum Einsatz kommt, wurde in letzter Zeit vor allem bei Blockchain-Projekten eingesetzt. Go wird bereits in Testumgebungen bei IOTA genutzt, und wird in Zukunft einen eigenen Client erhalten.

- **Der „Light Client“**

Obwohl IOTA bereits von Natur aus ein leichtes Protokoll ist, gibt es Anwendungen die sogar noch etwas „dünner“ sein sollten, damit beispielsweise ressourcensparende Geräte, die nicht als volle Knoten aktiv sind, ebenfalls in IOTA aktiv sein können. Diese Clients werden auch andere Mechanismen für Transaktionen und Validierung erhalten.

- **Swarm Client**

Damit die IOTA Clients auch in Zukunft mit wenig Ressourcen auskommen, werden bestimmte Datenbankoptimierungen vorgenommen, wie beispielsweise die sogenannte „Shard“-Logik einzubauen, oder die Daten zu verteilen. In einer solchen Schwarmintelligenz können Geräte Transaktionen ausführen, ohne volle Knoten zu sein.

Auch das automatisierte Erstellen von „Schnappschüssen“, also ausgewählten Abzügen der Datenbank um die Größe kleinzuhalten, zählt dazu. Beim Schnappschuss werden außerdem mehrere Transaktionen in eine Zeile verpackt.

Funktionsausbau: Module in IOTA

Damit auch weiterhin das IOTA-Protokoll leichtgewichtig und wendig bleibt, gebührenfreie Transaktionen und nachweisliche Transmissionen möglich sind, muss das Protokoll stets dem Prinzip der einfachsten Lösung folgen: dies erfolgt heute meist durch Modularität. Anstelle ein „Schweizer Armeemesser“ zu schreiben, werden Module erstellt, die auf IOTAs Kern zugreifen. Jeder Bestandteil für sich kann alleine aktiv sein, und wird so für seinen Zweck optimiert. Außerdem können die Nutzer so ihre Nutzung des Protokolls selber festlegen, anstelle sich einengen zu lassen.

- **Die Identität der Dinge**

Damit das Internet der Dinge auch weiterhin zielgerichtet wachsen kann, muss unsere Denkweise über Maschinen und Geräte sich ändern. Anstelle sie als leblose Produkte aus Metall und Plastik mit einem einzelnen Zweck zu sehen, sollte man den Geräten eine eigene Identität unterstellen, die zu verschiedenen Merkmalen führt.

Zum Beispiel sollte ein Sensor nicht nur eine einzige Identifizierung haben, sondern auch Merkmale wie den Hersteller, sein Einsatzdatum, seine erwartete Lebensdauer, sein Besitzer, welche Daten er sammelt und auf welcher Ebene, und so weiter. Dies ist eine notwendige Voraussetzung um die Maschinenwirtschaft zu indizieren und den effizienten Betrieb zu ermöglichen, Auch ein Bewertungssystem für alle Teilnehmer ist so möglich. Solange ein Gerät in Übereinstimmung mit seinem Zweck agiert, gilt es als gut, sobald es aber sich anders verhält, können seine Nachbarn eine Quarantäne verhängen. Man nennt diesen Ansatz auch „IDoT“ (Identity of Things).

- **Permaknoten**

Da IOTA „Schnappschüsse“ zur Datenoptimierung verwendet bleibt der Tangle-Ledger klein. Allerdings gibt es bestimmte Anwendungen, wo der volle Datenbankabzug gespeichert sein soll, beispielsweise um eine regelmäßige Prüfung sicherzustellen. Diese Rolle ist für die sogenannten Permaknoten. Diese sichern die gesamten Tangle-Aufzeichnungen dauerhaft. Durch bestimmte Prüfpunkte in den Schnappschüssen können die Vertrauensanforderungen dann gesenkt werden.

- **Das Flash-Netzwerk**

Sowohl das IoT als auch IOTA sind noch in jeweils sehr frühen Phasen, die man als Übergang bezeichnen könnte, bevor sie dann in eine Massenverwendung übergehen. Bis das Netzwerk eine große Teilnehmerzahl erreicht hat, und das Internet der Dinge mit entsprechender Hardware unterstützt, bleibt noch viel zu tun. Damit IOTA auch weiterhin hohe Durchsatzgeschwindigkeiten hat, müssen die Zahlungskanäle für Anwendungsfälle bereitstehen, bei denen schnelle Reaktion gefragt ist. Die Flash-Kanäle haben klare Vorteile vor anderen Initiativen der Blockchain, wie beispielsweise Lightning oder Raiden, da die Tangle-Architektur anders ist. Es gibt beispielsweise keine Gebühren zur Errichtung eines Kanals, womit Nano-Transaktionen ermöglicht werden, aber auch die Tatsache dass im Tangle keine Schürfer existieren und somit Transaktionen nicht auslaufen können, ohne in einem Block verarbeitet worden zu sein.

- **Masked Authenticated Messaging (MAM)**

Eines der am meisten herbeigesehnten und wahrscheinlich einzigartigsten Module für IOTA ist das Masked Authenticated Messaging (MAM). Es ermöglicht Sensoren und anderen Geräten Datenströme zu verschlüsseln und im IOTA-Tangle quantensicher zu verankern. Zugelassene Personen können darauf zugreifen und den Datenstrom wiederherstellen, sodass sich so eine Art Frequenz ergibt.

- **Private Transaktionen**

So wie das MAM Sicherheit und Datenschutz für geteilte Daten ermöglicht, sollen private Transaktionen die Privatsphäre allgemein sicherstellen. Sie enthalten viele Metainformationen, welche private Informationen enthüllen könnten, und durch das Internet der Dinge ließen sich Dinge noch besser nachverfolgen. Eine solche Privatsphärenschicht ist im Entwicklungsstatus und sie wird mithilfe des sogenannten „Token-Shuffling", also Vermischen von Transaktionen, verwirklicht werden.

Bibliotheken zur Referenz

Eine Programm mit solchen Ambitionen wie IOTA sollte natürlich auch Bibliotheken haben, die es in möglichst vielen Programmiersprache erreichbar macht.

- **Javascript**

Die Javascript Bibliothek wird als „Referenzbibliothek" für andere gesehen, und sie ist die erste, in der neue Merkmale und Fähigkeiten zur Verfügung stehen. Die gesamte API ist verfügbar, es gibt eine Vielzahl nützlicher Funktionen und volle Unterstützung für Multi-Signaturen. Zusammen mit NodeJS kann man so gute Browser-Anwendungen erstellen.

Weitere Sprachen, in denen bald auf IOTA zugegriffen werden kann, sind:

- Python
- Java (unterstützt noch keine Multisignaturen)
- C# (unterstützt noch keine Multisignaturen)
- Go

Stress-Tests, Simulationen und Sandboxen zum Ausprobieren werden regelmäßig durchgeführt bzw. stehen bereit. Wer immer auf dem neuesten Stand bleiben will, kann sich auf *http://learn.iota.org* einen Eindruck verschaffen.

Die Zukunft von Kryptowährungen allgemein

In einer Tagung der St. Louis Fed im Jahr 2016 namens "Bitcoin und darüber hinaus: Die Möglichkeiten und Tücken virtueller Währungen" bezeichnete der Wirtschaftswissenschaftler David Andolfatto Kryptowährungen als "einen Geniestreich". Er meinte im Bezug auf Bitcoin, dass es ein Regelwerk in Form eines Computerprogramms sei, dessen schlussendliches Ziel minimale Überweisungskosten seien. Gleichzeitig entwickele Bitcoin sich immer weiter und kann verbessert warden.

Bei den Zentralbanken, so Adolfatto, ist bekannt, dass alle Banken hassen. Banken seien innovationslos und lieferten keinen Mehrwert. So würden Banken zum Beispiel bei grenzüberschreitenden Überweisungen sehr langsam arbeiten.

Protokolle hingegen, die Geld digital rund um den Globus in wenigen Sekunden verschieben, könnten viele Probleme lösen. Da die Rechtslage bei solchen Programmen gerade festgelegt wird, gäbe es hier hohes Potenzial für Währungen wie IOTA:

"IOTA ist ein währungs-agnostisches Protokoll. IOTA ist der Gewinner, es verarbeitet alles. Es ist möglich, dass die letzten Urteile, in denen Kryptowährungen als Wertgegenstand bezeichnet wurden, IOTA nützen werden, da die Zahlungsanbieter darauf aufbauen können."

Anpassen oder sterben

In dieser Tagung meinte Herr Andolfatto weiterhin, dass die neuen Systeme die heutige monetäre Hierarchie beenden werden, und schlussendlich tiefgreifende Änderungen in der Bank- und Zahlungsindustrie erzwingen werden. Auf lange Frist würden Krypowährungen einen Wechsel bringen: „Die Bedrohung des Markteintritts in das Geld- und Zahlungssystem wird traditionelle Institute zwingen, sich anzupassen oder zu sterben."

Letzte Worte

2017 war ein interessantes Jahr für IOTA, das sieht man schon am Preisverlauf:

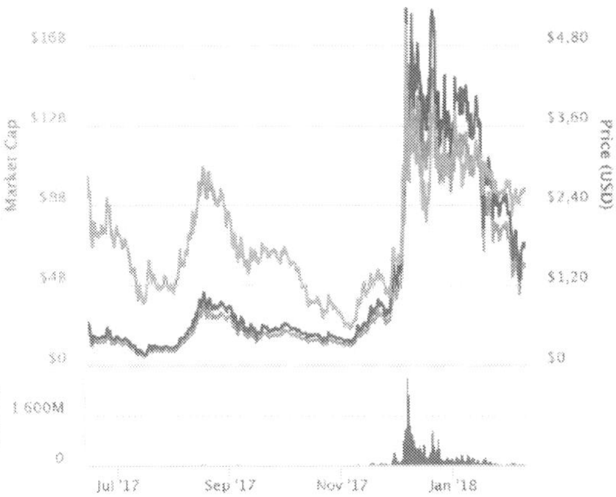

Bild: Preisverlauf für IOTA seit Januar 2017. Quelle: Coinmarketcap.com

Schwankte der Preis am Jahresanfang noch bei rund 0,25 Euro, lag er Anfang 2018 bei rund 2 Euro pro IOTA – inmitten des Krypto-Hypes Ende 2017 war er sogar auf fast 4€ hochgeschnellt. Die Anzahl der Transaktionen hat sich zig-fach erhöht, was man am Volumen unten sehen kann. IOTA beginnt erst, sein Potenzial zu entfalten, denn wesentliche Industrien werden von den Anwendungsfällen des Internets der Dinge und der Transparenz profitieren können. IOTA hat das Potenzial, ein weltweites Rückgrat für das Internet der Dinge zu etablieren. Ich denke, es lohnt sich, am Ball zu bleiben bei dieser faszinierenden Idee. Zudem wächst das Ökosystem jeden Tag: Forscher, Privatleute, und Vorstände großer Firmen erfahren erst jetzt vom Konzept, aber die Anwendungen und der Einfluss werden bereits in den nächsten Jahren kommen. Der Fahrplan bleibt ambitioniert, aber viel ist bereits erreicht.

Zu guter Letzt würde ich mich über eine nette Bewertung für mein Buch freuen, wenn es dir gefallen hat! Wenn du mehr über mich erfahren willst, kannst du meinen Blog unter *http://crypto-pay.org* auch jederzeit besuchen. Sollte dir das Buch nicht gefallen haben, würde ich dich bitten mich hier zu kontaktieren, bevor du zur Bewertung greifst – Bücher zu schreiben ist viel Arbeit, aber einzelne schlechte Bewertungen aus hunderten Verkäufen senken leider die Motivation. Auch wenn das Schreiben über solche Themen selber Spaß macht, denn ich persönlich glaube sehr an das Konzept und die Umsetzung IOTAs. Lassen wir uns begeistern!

Schreibe mir gerne deine Ideen, Meinung, oder Ansichten – auch kann es sein, dass Adressen im Web sich ändern oder Links, die ich angegeben habe, nicht mehr erreichbar sind. Über solche Hinweise bin ich immer dankbar. Schreibe mir das gerne an *cryptopayorg@gmail.com*. Vielen Dank und eine gute Zeit!

Roman Alexander

Ebenfalls von Roman Alexander:

Das Ethereum Handbuch:

Eine Anleitung in das Investieren, Anlegen und Programmieren der Blockchain-Technologie

Ethereum ist eine Plattform mit einer eingebauten Kryptowährung namens Ether. Warum ist Ethereum eine Weiterentwicklung von Bitcoin? Was macht Ethereum anders? Warum interessiert sich die Versicheurngsindustrie so stark für Ethereum?

Bestellbar unter:

https://www.amazon.de/dp/1976750571

Ripple und XRP für Einsteiger:

Das Handbuch für den XRP-Coin und die Blockchain Technologie

Ripple ist eine Firma aus San Francisco, deren Kryptowährung XRP fast immer unter den Top 3 der Marktkapitalisierung aller Kryptowährungen ist. Warum skaliert Ripple so gut? Warum werden Transaktionen in wenigen Sekunden ausgeführt? Wie will Ripple international Zahlungen vereinfachen und das Bankensystem revolutionieren?

Bestellbar unter:

https://www.amazon.de/dp/1976895928

36757142R00066

Printed in Poland
by Amazon Fulfillment
Poland Sp. z o.o., Wrocław